JN185248

神性を生きる

アダマス・セント・ジャーメイン からのメッセージ

ジェフリー・ホップ、リンダ・ホップ 著

林 眞弓 訳

ナチュラルスピリット

LIVE YOUR DIVINITY:
Inspiration for New Consciousness
by Adamus Saint-Germain,
transmitted by Geoffrey Hoppe, Linda Hoppe

Copyright © 2012 by Geoffrey Hoppe and Linda Hoppe

Japanese translation rights arranged with
Red Wheel Weiser LLC
through Japan UNI Agency, Inc., Tokyo
All Rights reserved

序文

アダマス・セント・ジャーメインは、天界のクリムゾン・カウンシルの教授、マスター、教師で、ジェフリーとリンダ・ホップを通じてメッセージを伝えています。

この歴史上、興味深く、幾分謎めいた人物については、長年多くが書かれてきました。アダマスは数々の冒険でさまざまなアイデンティティを表現しながら、地球上でたくさんの生涯を送りました。セント・ジャーメインとしての生涯では、ユダヤ系ポルトガル人の父親とスペイン王室の血筋を引く母親のもと、スペインに生まれました。彼はアダマスという名でよく知られていますが、ヨーロッパ中を旅するにあたり、自らをサン・ジェルマン伯爵と名乗ることを選択しました。サン・ジェルマン伯爵は王や皇族たちに助言を与え、偉大な錬金術師として、偉大な「エネルギーを動かす者」として名を馳せました。

アダマス・セント・ジャーメインは、新しい意識と新しいエネルギーについて私たちに教えるために、この現代に来ています。アダマスは、エネルギーの動きの真の本質はごくシンプルな物理学であると指摘しています。人類が力、振動、二元性という「古いエネルギー」から、拡張する、アクセスしやすい「新しいエネルギー」へと移行するのを援助するために、彼はここにいます。数多くの肩書きやアイデンティティにとどまらず、アダマスは本物の教師たる叡智、情熱、創造性を備えた存在です。

本書の題材は、世界中で聴衆たちを前にライブで伝えてきたアダマスのメッセージから抜粋しています。

アダマスの言葉を読みながら、あなた自身が聴衆として座っているのを想像してみてください。そのグループと同じエネルギーを感じてください。アダマスが部屋の中を歩き回り、イーゼルに描画し、聴衆が古いパターンや信念を吟味できるよう意図的に刺激し、挑発しているのを想像してみてください。彼はそうすることで人々の意識を新たな領域へと拡張させているのです。アダマスが直接、あなたに語りかけているところを想像してみてください。というのは、この本があなたの手元にあるのであれば、彼はそうするからです。

肉体を持たない存在から人間の通訳を介して情報が伝達されるプロセスは、チャネリングとして知られています。アダマスをチャネリングするとき、ジェフリーとリンダはアダマスとエネルギー的に繋がって、まず情報のダウンロードを受け取ります。これは実際の言葉というよりも「エネルギーのパケット」のかたちで入って来ます。次にジェフリーはそれらのパケットを言葉に翻訳し、話し言葉で聴衆に伝えます。ジェフリーはチャネリングの間、アダマスのフィーリング、動き、表現の全機能を聴衆に伝達するよう努め、このプロセスの間、アダマスはその部屋の中で常に強烈な存在感を維持しています。

ジェフリーはアダマスのメッセージを明確にするために本書を大胆にも編集しましたが、元々の意味とメッセージの意図を改ざんしないよう、細心の注意を払っています。編集作業の間、ジェフリーはアダマスがそばにいるのを感じていましたし、ジェフリーが原文を変更するのをアダマスが何度も止めたことがありました。文法的に正しくなくても、原文の言い回しをそのまま保ってもらいたかったからです。

ジェフリーとリンダ・ホップはクリムゾン・サークルという団体を通じて世界中でワークショップやスクールを開催し、アダマスのメッセージをもたらしています。二人は二〇〇一年にフルタイムでこのワークを始めて以来、三十カ国以上の国を訪れました。当初はトバイアスという名の楽しい天使をチャネリングしていました。二〇〇九年七月にトバイアスが人間に転生した後、アダマス・セント・ジャーメインが続き、世界中にいる何万人もの人々に向けてメッセージを伝えています。

トバイアスはとても穏やかで、まるでおじいちゃんのような人柄でした。多くの聴衆に話してきたことですが、トバイアスは私たちの神性の起源を思い出させる手助けをするために来ていました。彼は目覚めの兆候にうまく対処するためのツールを与えてくれました。また私たちが「故郷」を出ていまに至るまでの天使の旅路に関する、独自の洞察を提供しています。ジェフリーがトバイアスをチャネリングするときは、椅子に座って目を閉じていました。

アダマスはまるで違うキャラクターです。トバイアスの責務を引き受けたほぼ最初の瞬間から、アダマスはジェフリーに目を開けているようにと主張したのです。アダマスは部屋を歩き回り、聴衆の一人ひとりと積極的に関わり、質問します。彼は魅力的で、皆を驚かせ、愛情に溢れていることもあれば、人をいら立たせることもあります。アダマスは私たちを快適なゾーンから抜け出させるために、意図的に何かを言ったり何かをしたりします。本当の私たちに気づけるようにするためです。すなわち人間の状態にある「スピリット」に。ある瞬間にはアダマスは聴衆を笑いの渦に巻き込みますが、次の瞬間、聴衆は彼の言葉に明らかに挑発されます。聴衆はアダマスが大好きです。アダマスをなじります。動揺します。称賛します。しかし彼の言葉を聞く人、読む人のほとんど全員が、彼から神々しいまでに価値のある何かを学ぶのです。

数多くのワークショップやイベントに加え、クリムゾン・サークルではアダマスからの最新の情報を得ることができる無料の月例オンライン放送を提供しています。アダマス、トバイアス、クリムゾン・サークルに関しては、www.crimsoncircle.com をご覧ください。

謝辞

クリムゾン・サークルは比較的小さな会社ですが、十年前には想像もつかないほど世界中に広がりました。クリムゾン・サークルと目覚め（アウェイクニング）のゾーンのウェブサイトでは、年間四十件のライブのワークショップと、三百名を超える認定されたティーチャー（講師）たちのワークショップが開催されています。この献身的な組織は年々、何十万人もの目覚めつつある人間を、何とか結び付けています。私たちは次に挙げるスタッフたちと協力して働けることに、感謝しています。最高な人たちです！

Alain Bolea, Bonnie Capelle, John Kuderka, Michelle MacHale, Gail Neube, Mary Alyce Owens, Joe Rumbolo, Suzy Shemel, Jean Tinder, Lindsay Yogi.

目次

はじめに
アダマス・セント・ジャーメインのメッセージ

「アイ・アム・ザット・アイ・アム（I AM THAT I AM 我は我たるもの）」、天界のオーダー、クリムゾン・カウンシルからやって来た、主権の領域のアダマスです。

あなたはなぜ、これを読んでいるのですか。あなたが読んでいるのは、何かを学ぶ必要があるからではありません。あなたはすでに、この本の中身をすべて知っています。おそらく、ただ一つ例外を除いては。あなたはここに書かれている言葉を何気なく読んでいるわけではありません。精神世界のことに軽い興味を抱いているだけなら、あなたがこの本を手に取ることはなかったでしょう。

あなたがここにいるのは、「体験」への、魂レベルでスピリットが満たされる体験への準備ができているからです。生徒が探求をやめると、それが起こります。彼らは体験し始めるのです。神は体験が大好きです。そして、あなたもまた神なのです（You are God also.）。

私たちが共に過ごす時間の中で、この本に没頭しているときに何を体験するかは、すべてあなた次第です。速く読むのも、ゆっくり読むのも。強烈な体験、スムーズな体験。あなたが、親愛なる友人よ、ハンドルを、スロットルを、ブレーキをコントロールするのです。私はあなたの体験の中では単なる乗客にすぎません。あなたが体験している間に助言やアドバイスをします。その中にはあなたが良いと思うものがあるかもしれません。あまり気に入らないものの方が多いかもしれません。私はあなたが自分自身を聞くための微妙な声になります。私自身の物語をいくつか話すことで、あなたの物語というのはただの……物語にすぎないことを気づかせます。私たちは共に笑い、共に泣く時間を持つでしょう。

最初のページに始まり、最後のページをあなたが読むまで（この本の最後のページではないかもしれませんが）私は道の一つひとつのステップにおいて、あなたと一緒にいます。昼も夜も、目覚めている時も、夢の中でも。私の仕事は、常にあなたをあなた自身へと連れ戻すことです。特に、あなたがマインドに入り込み、別の領域で迷子になっているようなときに。すべてがシンプルであり、すでにあなたの内側にあることを絶えず思い出させます。神秘的なものなど、ありません。もちろん、あなたがそうあってほしいと思えば別ですが。

この本を読み終えたら、誰かにあげてください。この体験の恩恵を受ける人が思いつかなければ、公園のベンチ、電車の座席、公衆トイレに置いてください。もう、あなたには必要ないからです。本を読み返して何かを学んでほしくないからです。あなたがこの本を解き放てば、ちょうど良い時期にぴったりの人に辿り着きます。スピリットの美しい世界においては、エネルギーはそのように作用します。

あなたが選ぶのであれば、これから私はあなたと一緒になり、共に体験を始めましょう。私たちは多重のレベルで同時にワークしていきます。ある一つのレベルでは、あなたは私が世界中の聴衆に向けて行った講義を読んでいます。あなたは言葉に含まれる叡智をすでに知っていますが、私が聴衆とコミュニケーションを取っている様子を楽しめるでしょう。

別のレベルでは、あなたは自分の別のアスペクトたちに遭遇することになります。そのアスペクトは、過去や現在の生涯から来ています。「意識のボディ」にも出会います。あなた自身の光と闇に直面する機会があります。自分が演じているゲームを理解するようになります。あなたの「マキョー（Makyo）」と「アミョー（Ahmyo）」を体験します。そして最後に、あなたがおそらく知らない一つのことを私はお教えします。

保証します

あなたの幸せと満足感を私は保証します。自分を信頼すれば、長い間あなたが成し遂げることのなかった、このようなものを手に入れることになります。すなわち、幸福、平和、達成、そしてマスター性《マスタリー》を。地球上で肉体の現実を享受しながらです。無条件に自分を信頼すれば、これらを手に入れられることを、私が保証しましょう。

「でも、オーラを見ることができるようになりますか？」。あなたは訊きます。「石をゴールドに換えられるようになりますか？」。そんなものは子供の遊びです。

一瞬にして他人を癒すことができるようになりますか？　とんでもない！　その人が本当に解放する準備ができるまで、苦しませてあげなさい。あなたが想像もつかないほどの真実がそこにはあります。それは本当に利己的な行為です。あなた方が他人に瞬間ヒーリングを施そうとしているのを私は見てきました。恥ずべきことです。私は本気で言っています。なぜならあなたは自分のためにやっているからです。そうしている人たちを見てきました。自分がイエスのようだと証明したいから、やっているのです。私たちはまったく違うアプローチをします。さまざまな物事で私はあなたに挑戦します。たくさんの古い信念を投げ捨てます。あなた方の中には、いくつかの概念に必死にしがみついている人がいます。「でも、このようなものを手放せるわけがない！」。そうですね、いつかは手放すことになります。泣きわめいても、叫んでも。そうでなければ完全に許容することで手放すでしょう。

いまは新しいエネルギーです。古い時のようには作用しません。現在、あなたの直感的なフィーリングの感覚が開こうとしています。違うエネルギーをあなたは感じています。定義するのがとても難しいものです。あなたの一部は押しのけていますが、別の一部は惹かれています。新しいエネルギーがほんの少しだけ、いま、入って来ています。私たちはそれに取り組んでいきます。

これから何カ月、何年、あるいは何十年、私があなたと一緒に過ごすかは分かりません。しかしあなたが進む道の一つひとつのステップを、私はあなたと一緒に取り組んでいきます。あなたが幸福や満足感、どのように呼んでも構いませんが、それらを手にすることに私は全力を注ぎます。見出す直前に、あなたは私をボロクソに言うでしょう。それを手にする直前に、あなたはまるで完全な混沌と混乱の中にいるかのように思うでしょう。

私がこう言えるのは本来のあなたを知っているからです。過去に体験を共有しただけでなく、あなたが自らのスピリチュアルな道に深い献身を捧げているのを知っているからです。数多くの挫折をしてきたように感じているかもしれませんが、あなたは固い決意を持っています。あなたの祈りと懇願を私は聞きました。私がここにいるのはそのためです。

私たちは難解な奥義には入りません。あなたは前にやったことがありますが、ただ、ねじ曲げてしまっただけでした。そしてあまり哲学的にならないようにします。私たちが一緒に過ごす中で、何も起こっていないように思える時期がありますが、後になって実は途方もないことが起きていたのだと分かります。新しいエネルギーはそのように作用します。進歩していないように思える時期があり、それからふと、進歩というのは幻想だと理解します。自分はかなりうまくやっているのに気づきます。

私は毎日、昼も夜もあらゆる瞬間に、一つひとつのステップで、あなたと共にいます。あなたに約束します。私はいつも、そこにいます。

幻想に生きる

私は地球上で数多くの生涯を過ごしました。あなた方の多くの方とはアトランティスの終わり頃に、ティエンの寺院で一緒にいました。私はエネルギー的なクリスタルに閉じ込められ、そこで十万年以上を過ごすという体験を自らに与えました。クリスタルは実在のものですが、比喩的な意味で私の信念体系の監獄でもありました。クリスタルの監獄から自由になった時、これからは常に率直に自由に生きる誓いを立てました。今後、肉体を持って地球に生まれたら、二度と捕われることなく自分が選んだ役柄を演じていこうと誓いを立てたのです。

イスラエルで、イェシュア（イエス）の時代に、私は生涯を過ごしました。反抗的なラビでした。その生涯でイェシュアに出会い、イェシュアと、また時にはマグダラのマリアともワークしたのは偶然ではありませんでした。他のラビたちの怒りと懸念を買いましたが、私はラビとしての地位を捨て、イェシュアとワークするようになりました。彼はヒーラーでした。エネルギーを変容する人であり、本物の錬金術師でした。私は彼から学び、彼は私から学びました。私の物語は聖書には出てきませんが、それはおそらく良いことでしょう。トバイアスやイェシュアのように聖書の中に閉じ込められることはなかったからです。

私は他にも数多くの生涯を送りました。その中にはあなた方に一番なじみ深いセント・ジャーメインとしての生涯があります。サン・ジェルマン伯爵です。マーク・トゥエインとして知られている者、サミュエル・クレメンスとしての生涯も過ごしました。私はアトランティスの時代、またその前後にもたくさんの生涯を送りました。私はあなたと似ています。ただ一つの例外を除いては。すなわち、私は自分を自由にしたということです。人間の現実から、もっと良い言い方をすれば、人間の幻想という制限から自らを解放したのです。

あなたと私の違いは、ごく細い線《ライン》で分かれているにすぎません。幻想です。あなたは幻想のこちら側に立ち、私は向こう側に立っています。それ以外はすべて、私たちは同じです。私たちは天使として出発しました。地球が存在するずっと前に、私たちは闘い、戯《たわむ》れました。そして地球にやって来ました。肉体に生まれ、幾多の転生を送るとはどういうものかを体験しました。その間、多様な生涯、さまざまな人格、さまざまなアイデンティティを創り出しながら、数多くのアスペクト（脚注：用語解説を参照）を体験しました。

違いは、あなたと私の唯一の違いは、幻想の線です。幻想と私が言うのは、ある時点でこれがすべてゲームであると気づいたからです。私はセント・ジャーメインではありませんでした。ユダヤ教のラビではありませんでした。サミュエル・クレメンスではありませんでした。私はそのすべての「アイ・アム（I

AM)」でした。それらの人格は私がただ演じた役柄にすぎません。俳優が舞台でさまざまな役柄を演じるのによく似ています。あなたと私の違いは、あなたは現在、とても真剣にその役柄を演じていることです。

あなたは、このあなたという人間のアイデンティティこそが、始まりであり終わりであると思っています。私は、そのあなたは一時的な役柄にすぎないと思っています。あなたを愛していますし、敬意を払い尊敬しますが、あなたの人間としてのアイデンティティはちっぽけなものです。それはなくなります。あなたが演じているこの役柄、自分がある特定の人間だというフリをしているもの、ある特定の職業に就き、特定の場所に住んでいるというもの、それはなくなります。後に残されるのは、体験の甘美さです。体験は当然ですが、あなたの魂の一部です。それは本来のあなたという全体性の一部であり、あなたの「アイ・アム」性の一部ではありますが、あなたではありません。

あなたは痛み、必要性、欲求があるというフリをしています。十分なお金、愛情、支援、機会がないというフリをしています。進むべき道が分からないフリをしていますが、私にはそれが何より悲しいことです。あなたは答えを持っていないフリをしています。しかし「スタンダード（脚注：模範となる存在。用語解説を参照）」、「アイ・アム」であるスタンダードは――あなたは「スタンダード」になれるのですが――すべてがゲームであると理解しています。

あなたは腹を立てるかもしれません。私があなたのかわいそうな人生を真剣に受け止めていないからです。あまり同情しないからです。それはもう終わりにしましょう。それはエネルギーのフィーディング（脚注：貪り食うこと）です。フィーディングにとどまりません。この現実にあなたを閉じ込めておく手段です。

あなたの周囲には数多くの現実があるのが分からないのですか？　あなたはこの一つの次元に焦点を合わせていて、見えないというフリをしていますが、周りの至るところにさまざまな次元、現実、可能性があります。

そしてあなたは神や天使を大声で呼びます。「道を示してください」と。道とは、すでにあなたと共にあります。すでにここにあります。いつになったら「道」を見たいのですか。いつになったら「道」を感じたいと思うのですか。いつになったら「道」を体験したいと思うのですか。

あなたは言います。「でも、でも、でも、アダマス！」。あなたが「でも」と言った瞬間に、躊躇《ため》い始めた瞬間に、私は立ち去ります。あなたの頭の中には「でも」がいっぱいで、それがあなたをストップさせます。押しとどめます。私はそれほど暇ではありません。ちなみにあなたもそうです。あなたもそうですよ。あなたの躊躇い、あなたの「でも」は、時間と意識における躊躇いです。あなたは私に言います。「でも、でも、私の家族はどうしましょう」。あなたの家族がどうだというのでしょうか。あなたが本当の「スタンダード」であり、躊躇った人間ではない方が彼らは幸せなのではないですか。

「でも、でも」。あなたは言います。「仕事はどうなるのでしょうか」。どっちにしろ、仕事は好きではないでしょう。いつも文句を言っています。あなたは言います。「でも、でも、お金はどうすればいいでしょうか？」。そのような態度では無一文になって、飢え死にするかもしれません。たぶん、死ぬでしょう。そしてあなたはあの世へと渡って来て、私たちは長いこと話をしなければならなくなるでしょう。

豊かさはあらゆる場所にあります。あなたの周りの大気にあります。あなたの周りのエネルギーの中にあります。自分が透明な泡の中にいるのを想像してみてください。この泡の中にはあなたが人間として必要なもの、壮大な豊かさがすべて含まれています。すべてがまさに、ここにあるのですが、あなたは見ようとはしません。目の見えない人が大きな食料品店を歩き回って、「食べ物はどこですか?」と言っているようなものです。手を伸ばせば、目を開ければ、至るところにあるのを見るのです。

豊かさを、給与というありきたりの方法で手に入れる必要はありません。誰かに与えてもらうことで手に入れる必要はありません。ただ、それを顕在化するのです。顕在化するとは、どういう意味でしょうか? それがすでにそこにあるのに気づくということです。半次元離れたところに、半呼吸離れたところに。それはそこにあります。入って来てあなたに奉仕する準備ができています。この宇宙はエネルギーに満ちています。それは、あらゆるところにあります。

エネルギーは活性化されるまでは中立の状態で存在しています。あなたが命じることで活性化されれば、顕在化します。思い出してください。「マスターはエネルギーを自分に奉仕させる」。あなたはマスターです。エネルギーを自分に奉仕させます。エネルギーが他の人から来ても、エーテルの中立の倉庫にあっても、それはあなたに奉仕したいのです。でもまず始めに、エネルギーが知りたいことが一つあります。あなたが自分は「創造者」である、「スタンダード」であると認識しているかどうかです。

ほとんどの人間は自分が劣っていると認識しています。自分は道に迷い、いったい何をしているのか分かっていないのだと。人間は自分を弱い者として認識しています。不自由で、歪んでいて、知性があるとはとても言えないと。するとどうなると思いますか? エネルギーはその通りに、具体的に、文字通りに奉仕します。朝起きてこう言うとします。「ああ、また同じような一日になるだろう。人と争わねばならないだろう。緊張やストレスがあるだろう。私は太り過ぎているし、請求書の支払いがやっとだ」。その瞬間、すべてのエネルギーが整列して、その日一日あなたに奉仕するのです。

だから私は言うのです。「この日は私のものであり、この夜は私のものだ」。ここは私の遊び場です。すなわち、昼と夜は私に応えるのです。あなたに対してもまた、エネルギーにはそれができます。皮肉なことに、エネルギーはすでにしているのですが、あなたは気づいていません。すべてのエネルギーがすでにあなたに奉仕しています。エネルギーは、躊躇いというあなたの幻想に奉仕しています。躊躇いというのは、他人を幸せにするために自分が妥協しなければならないと思うことです。躊躇うのは、あなたが大胆で勇気ある一歩を踏み出すのを怖れているからです。

ある意味で、あなたには拍手を送らなければなりません。あなたはマスターだからです。あなたはすでにうまくやっています。それは、日々、あらゆる瞬間に起きています。「アイ・アム」と言わずに、実に多くの人間が「アイ・アムではない」と言っています。するとエネルギーは入って来て、一日中、一晩中、「ない」に奉仕するのです。

それでも、あなたがくぐり抜けているものを私は正確に理解しています。何だかんだ言っても、私は自らの監獄に十万年以上も閉じ込められていました。あなたは私よりは賢明です。十万年も立ち往生することはないからです。おそらくほんの数十回の生涯ですむでしょう!

ゲーム

あなたはこう訊きます。「アダマス、なぜ、こんなに難しいのですか? なぜ、うまくいかないのですか?

くだらない人生を送っているのはなぜですか？　なぜ私は――――なのですか？」。空欄を埋めてください。

答えは、あなたがそのゲームを選んだからです。誰もあなたの代わりに選んだわけではありません。あなたがそのゲームを大好きになる何かが、そこにはあります。そうでなければゲームをプレーしていないでしょうから。それだけです！　このように訊いた人もいます。「アダマス、私はなぜ、ひどい恋愛関係を続けているのですか？」。なぜならあなたは犠牲者だからです。その状態の何かが大好きだからです。「アダマス、私はなぜ、病弱なのですか？」。健康状態が崩れているのは、自分の身体に治させていないからです。「アダマス、私はなぜ、精神的に落ち込んでいるのですか？」。精神的に落ち込んでいるのは、あなたが本当に生きたいのかどうか、確信が持てないからです。

あなたはゲームをプレーしていますが、いつでもやめることができます。ゲームをする状況に自分で自分を陥《おとしい》れたわけですから、抜け出すことができます。

あなたは訊きます。「アダマス、私はお金がありません。どうすればよいですか？」

知りませんね！　それは本当にどうでもよいことです。また人生を楽しんでみてはいかがでしょう。病気が治るかもしれません。再び人生を味わい、高度に定義された人生を送れるかもしれません。自分自身に直面しなければならなくなるかもしれません。これはとりわけ厳しいものですが、なおかつ、とても美しいものです。

あなたは本当にたくさんの悪魔や大蛇を持っていますね！　それは単に行き詰まったエネルギーで、必死になって行き詰まりを解こうとしているだけです。古くなった、退屈なゲームにすぎません。いつでも好きな時に、メリーゴーラウンドから飛び降りることができます。でも、それをすればあなたの人生は変わります。その準備はできていますか？　実際、できている人はほとんどいません。ゲームが、自分の人生を定義するものだからです。ゲームなしでは、ほとんどの人は本当に「生きている」感じがしないからです。そこが誤解しているところです。ゲーム、問題、危機というものが、意識的に生き、気づきを持つのを妨げているのです。

あなたの人生のすべてが、あるいはその一部でも困難なものがあるなら、それはあなたがその中の何かが大好きだからです。そうでなければ、そのようにはなりません。それがどのようにあなたに奉仕しているかを特定して、手放すことはできますか？

読み進めて、体験がやって来るのを許容してください。そしてこの地点から先に何が起ころうと、これを覚えておいてください。

創造のすべてにおいては、すべて良し（All is well in all of creation.）。

第1章　目覚めに入る

DNAの変化

あなたのDNA（デオキシリボ核酸）は変化していますが、それはあなたの意識が変化しているからです。DNAの内部で最初に変化するのは先祖のカルマ、あなたの血統です。あなたは通常、生涯から生涯にわたり同じ血統に転生します。あなたはあなたの子供たち、両親、パートナーを、おそらく以前にも知っていました。つまり準備が整い新たな転生に入る直前に、強力なカルマの引力がその血統へと再びあなたを引き込むのです。たとえあなたが「もう、あの家族には絶対に戻らないぞ」と言っても、あなたを吸い寄せてしまいます。

血統はあなたのDNAに織り込まれています。あなたが家族の人たちに見た目が似ていたり、似た行動を取ったり、もっと言うなら同じような考え方をしがちなのはそれが理由です。

しかし現在、あなたのDNA構造は洗い流され、一掃され、自然で純粋なエネルギーへ戻ろうとしています。それはグッド・ニュースです。あなたを家族のカルマから解放してくれるからです。先祖の負債や負担から解放してくれるからです。ひいては生物学的に運命づけられたものも解放します。例えば、あなたの家族の遺伝的特徴に癌《がん》や糖尿病が含まれていれば、それはもう消滅していきます。そのため、もはや古い家族の血統に閉じ込められることなく、あなたは**あなたが**望むイメージに自らを作り変えることができるのです。

ＤＮＡコードが洗い流されるのに伴い、外見が変わってくることに気づくでしょう。もしかすると目の色が変化するかもしれません。あるいは顔の形かもしれません。変化は捉えにくいですが、ある日、鏡をのぞき込むと、自分の写真を見ると、自分がどれほど変わったかに気づくのです。

体重に変化があるかもしれません。筋肉構造に変化が見られるかもしれません。また、あなたはエネルギー的に家族と関わりを持っていますが、それも劇的に変化するでしょう。あなたの一部はもう、それほど深い繋がりを感じなくなります。ある朝目覚めたら、家族に対して、ほとんど親密さを感じなくなっているかもしれません。

あなたが家族と良好で強い愛情に満ちた繋がりを築いていたら、あるいはドラマチックな関係を持っていたとすれば、これはショックかもしれません。家族に対する気持ちや繋がり方に変化があっても、驚かないでください。あなたの子供に対しても同じことがいえます。あなたが父親や母親なら、自分はどこかおかしいのではないかと思うでしょう。突然、その子がもう、自分の子ではないように感じるからです。

他にもまだ重要なことが起こります。あなたがＤＮＡのコードを解放すると、もうすぐその家系に転生する人のコードもまた変化します。もしかするとそれは、まもなく戻る予定の、亡くなった親や祖父母かもしれません。彼らがこの古い先祖のカルマにはまる必要がなくなります。つまり、あなたは自らを自由にし、エネルギーを動かしているわけですが、それが他の人たちの未来の可能性までも変えることになるのです。すごいことです。

夢の変化

次は夢です。おそらく私からあえて言うまでもないでしょうが、あなたの夢は最近変わりました。とても強烈で、時には恐ろしく、色鮮やかになっています。当分はそれが続くでしょう。

眠りについたら夢を見て、目が覚めると夢を見ていないとあなたは思っています。まったく違います。夢は絶えず、生じています。たったいま、あなたは夢を見ています。あなたはここにいますが、別のレベルで夢をまだ見ています。夢は一つだけではありません。何層にもわたっています。通常、あなたは眠りにつくまでは、こうした夢の現実から自分を遮断しています。眠りにつくと、一つの夢の層だけに着地しますが、実際には同時に数多くの層が生じています。

夢は変化していますが、実は**あなたが**変化しているのです。いまではあなたは眠りにつくと、同時にさまざまな数多くの夢の層に入り込んでいます。それは混乱を招くかもしれません。というのは、あなたのマインドは多次元の思考、より正確には多次元の解釈に、いまひとつ適応できていないからです。あなたは複数の層で夢を見ていますが、これからは目覚めている状態でもっとそれを意識するでしょう。

グッド・ニュースは、同時にたくさんの領域で可能性を体験し、創造することができるということです。困難なのは、しばらくは夢がとても紛らわしく思えることです。朝目を覚ました時、あなたはそんなものは覚えていたいとも思いません。眠っているより、起きている時の方が休まるかもしれません。

さらに、日常生活の中でも多重の現実を体験し始めます。あなたは意識的に目覚めた状態で、あらゆる別のレベルの現実に入り込むことができるようになります。現在でも、あなたの一部は「新しい地球」を体験しています。その気づきをたったいま、ここにもたらすことが可能です。「新しい地球」であなたが学んでいることは、この古い地球にいるあなたを助けてくれるでしょう。

現在あなたは、一つの夢の層で、人生の大部分で抱えてきた感情的な問題の解決に取り組んでいます。そしていま、この夢の別の層であなたは未来の可能性の数々をのぞき込んでいます。そこには何がありますか？　遊び心を持って、明日、来年、自らに何を創造すればよいのでしょうか？　たったいま、あなたは一つの夢の層を使って過去世での未解決の問題、行き詰まったエネルギーを体験し、解放しようとしています。目覚めている間、夢の層に気づいていれば、人生はもっとずっと満ち足りたものになります。あなたの人間の部分は一つのアスペクトにすぎないことに気づくでしょう。あなたはまったく新しいやり方で問題を解決し、エネルギーを動かすやり方を発見するでしょう。

夢は単なるファンタジーではありません。架空のものではありません。夢は、この「いま」の瞬間と同じくらい重要です。なぜなら、夢はこの**「いま」の瞬間の一部**だからです。マインドが行き当たりばったりに彷徨っているわけではありません。

夢はあなたの神性、そして別の領域に存在するあなたの一部からのメッセージです。夢はあなたに話しかけようとしているので、夢を無視すれば眠りが浅くなります。ベッドの脇にメモ帳を置き、夢を覚えているように自分に許可を与え、書き留めてください。夢を書き綴っていけば、それがあなたの重要な一部分であることが分かります。あなたの夢の言語を理解するようになります。

私はここでは神性を統合するプロセスを経ている人たちのことを話しています。世間一般の人たちの話をしているわけではありません。彼らの夢はあなたが見ているものとは違います。あなたの夢はとてもシンプルな言語でやって来ます。現在受け入れられている夢のシンボルの解釈本は使わないでください。本を持っていて、学んだことがあるなら、それは手放してください。シンボルはもう違うからです。

夢の言語は変化しています。あなたの夢は以前よりずっと事実に忠実です。あなたが見ている夢の多くは現実に別の領域で起きています。また、夢はあなたが「新しい地球」で教えていることにも関連しています。

知性の変化

あなたのメンタル・プロセス全体が変容状態にあります。あなたはマインドを使って、とても論理的で分析的な方法で問題の解決にあたってきました。それも変化します。あなたのロジックは、新しい「思考」の仕方ができるよう、それ自体が再編成されています。あなたはロジックと論理的思考を再編し、並べ換えているのです。極端なときには、以前のように思考できないことにあなたはとてもフラストレーションを覚えるでしょう。なぜフォーカスできなくなったのだろうと思うのです。「きっと歳を取ったからだ。サプリメントを摂取して思考をクリアにしないと」。こんなことを密かに考えます。きっと頭が鈍くなってきたのだとまで思います。そうではありません。

マインドはまだ必要ですが、あなたは別の、自らのとても重要な部分を開いているのです。たとえば私たちが**ナスト**（gnost 脚注：用語解説を参照）と呼ぶものを。それはあなたの直感、ノウイングネス（knowingness 知っている状態）のことです。さらにあなたは、神性な知性に再び繋がろうとしています。繋がりは常にそこにありましたが、この地球上にもたらし実践してきませんでした。

どういうことかといえば、あなたが現実を分析し問題を解決するやり方が、抜本的に変わるということです。初めのうちはとても奇妙に感じるでしょう。頭が混乱し、ほとんど気が狂ってしまったのではないかと思うでしょう。そうではありません。地球に生きる体験をする上で、あなたは意識とエネルギーを「意識のボディ（意識体）」と組み合わせるプロセスを再編し、整理し直しているのです。ずいぶん長ったらしい言い方ですが、単にこういうことです。あなたの人生にまったく新しい知性の形態が現れるのを見込んでおいてください。

本物の知性は、「2＋2＝4」という知識を超えたものです。本物の知性とは、「2＋2」イコール**何にでも**なるというものです。あなたのものの見方、信念、選択によって決まります。ロジックでは「2＋2」は「4」の**はず**ですが、あなたの新しいエネルギーの知性は、「2＋2」イコール何にでもあなたが望むものになるという概念を理解させてくれます。

極端さ

あなたの人生体験には極端さが出てくるでしょう。新しいエネルギーが入って来ているため、古いエネルギーの振り子が一つの極からもう一方に振れるからです。古いエネルギーと新しいエネルギーが一緒になれば、ただの極端さではなく完全な表現になります。

極端なときには、あなたはクリエイティブ・エネルギーのほとばしりを感じるでしょう。不意に音楽を作曲したり、本を書いたり、絵を描きたいという衝動が沸き起こります。このような創造的なものへの衝動は圧倒的なので、例えば会議の最中、レストランにいるとき、あるいは葬儀の席のような妙な場所で生じるかもしれません。

もう一方で極端なのは、まったくインスピレーションを感じない時期があることです。あなたはぼんやりとして、何も感じません。するとあなたは言います。「アダマス、ある瞬間に私はものすごくクリエイティブだったのに、次の瞬間にはつまらない人間なのです」。私は言うでしょう。「ええ、そういうことです！(and so it is.)」

このような極端さは適切であり、重要です。最終的には極端さは融合しますが、中立になるわけではありません。完全な拡張、そして完全な表現として戻って来ます。いまは納得できないかもしれませんから、どうぞ、それを感じてみてください。

人生で他の人たちとの交流、さまざまな活動、スケジュールがとても活発になる時期があります。忙しすぎてどうすればよいか分からないと思いながら眠りにつく夜もあるでしょう。もう一つの極端さは、中断し、立ち止まり、何もしない必要がある時期です。自分自身と一緒にいるために人生からすべてを遮断したいという衝動に駆られます。これは適切です。あなたのあらゆる部分がこれだけの慌ただしい活動についていくためには、休止が必要だからです。

このような急激な変化をくぐり抜けているときは、ただ立ち止まるだけの時期が必要になります。子供たち、パートナー、血の繋がった家族など、あなたの人生にいるあらゆる人があなたの断片をそれでも欲しがりますが、意志を強く持つ時です。自分に耳を傾け、立ち止まり、自分自身とのかけがえのない時間を取る贈り物を与える必要があります。

これはとても大切です。避けないでください。ただ自分と一緒にいるために、そのためだけに会社に電話をかけ病欠するということであっても、やってください。自分ひとりで長時間のドライブに行くというのであれば、ただやってください。

「スピリット」ととても繋がりを感じる時期があります。スピリットのフィーリングに、親密に深く結び付く時期です。まるで自分自身と恋に落ちているかのように感じますが、自分だけよりずっと拡張した感じがあります。このような強い結び付きの感覚は涙を誘うものです。

それから何の繋がりも感じられない時期があります。「神はどこにいるのだろう?」。外にも内側にも、何もいないように感じます。「スピリット」に対する気づきを持ち、あれほど特別な体験をしたことをあなたは疑います。「スピリット」と深い繋がりを持つ時期があったと思えば、完全に孤独を感じる時期があります。これは適切なことです。このようなフィーリングを否定しないでください。それは新しいエネルギーを体験する上での極端さの一つであると、ただ理解しておいてください。

あなたの人生はシフトするでしょう。エネルギーが動き出したかと思えば、行き詰まったように感じます。するとまた動き出しては、行き詰まりを感じます。このすべてが、目覚めに、新しいエネルギーに入るための自然なプロセスの一環です。

孤独

目覚めにおいて、自分自身との時間を持つことがとても大切なのが分かります。過去にあなた方の多くは安心感を得るために、心地良く感じるために他人と一緒にいる必要がありました。あなた方の中にはひとりでいることを困難に思う人がいます。ひとりでいることを寂しさと混同していたかもしれません。これからは、あなたにはひとりでいる時間が**必要**になります。

この時間を自分に持たせてあげてください。とても大切です。なぜなら、この時間があなたの人生に神性のエネルギーをもたらすからです。周りがざわついているときには、例えば都市の騒音、人々、交通、会社のようなものですが、神性をもたらすのがより困難になります。自分自身にその時間を与えるのを忘れないでください。それは美しい贈り物です。あなたは内側からそれを感じるでしょう。それはこう囁きます。「ひとりになる時だ」。家族、仕事のような他の問題や義務のために、ひとりの時間を持たないでいることがないようにしてください。言い訳をしないでください。内からの呼びかけを聞いたら、それを認めて行動に移してください。

あなたの内側ではとても美しい、深いレベルでスピリチュアルな物理的過程が作動しています。あなたがそれを聞き、もう無視しないでいることが大切です。あなたはこうしたフィーリングを感じますが、マインドがそれを抑圧するか、自分を信頼していないか、先延ばしにするかしています。後でやるのだとあなたは言いますが、いまやってください。ハートで聞いてください。それは美しい、驚くべき変容のプロセスです。

身体とマインドのコミュニケーション

あなたの身体は、ＤＮＡ構造の根本的な変化をくぐり抜けています。それにより、身体とマインドの繋がり方、身体とマインドを結ぶコミュニケーション・システムが変化しています。

古い生物学的なコミュニケーション・システムは、アトランティスの時代から存在しています。身体とマインドがコミュニケーションを取り合うためにできる、とても具体的なやり方があります。マインドはもう身体をコントロールしようとはしていません。身体とマインドが融合しつつあるからです。だからあなたが、肉体、マインド、スピリットを別々に持つことはありません。それらは「意識のボディ」へと融合し始めているからです。

身体がこれまでとは違う動きをするのに気づくでしょう。それはあなたが慣れ親しんだものではありません。胃の不調、身体の疼痛《とうつう》、肉体の衰弱、疲れ、その他さまざまな副作用が出てきます。少し時間を取って、身体の中を感じてみてください。あなたが最近体験しているのはどんなものですか？

それから、あなた方の多くに影響を与えている問題があります。体重の増加です。あなたは言います。「これまでにないほど、食べないようにしているのに、太ってきた」。そしてあなたは常軌を逸したダイエットに励みますが、もっと太ってしまいます。あなたは言います。「どういうことだ！　私はスピリチュアルな人のはずなのに。身体をコントロールしていなければならないのに」。

間違いです。見当違いです。というのは、あなたはまだマインドでコントロールする古いエネルギー・システムを使っているからです。あなたはどういうわけか、それは自分のスピリットから来ていると思っています。そうではありません。身体、マインド、スピリットが自然に途切れなく連携するグレース（恩寵）の状態にある代わりに、あなたはまだマインドを使って自分の人生をコントロールしようとしています。

身体に不安を感じるのではなく身体に耳を傾ければ、もっとリラックスし始めます。起きている、新しい融合を理解し始めます。身体に必要なものが正確に分かります。

マインドは何十万年も同じようなやり方で機能してきました。あなたがものを考えると特定のパターン、エネルギー・バランス、神経系や電気の伝達がとても具体的な順序で発生します。あなたはものを考えますが、同時にメンタルなフィーリングを感じます。メンタルなフィーリングをあなたは感情と呼んでいるかもしれませんが、それは**本物の**フィーリングとはほとんど何の関係もありません。感情はマインドが創り出したものです。ゆえにあなたの感情は制限されていて、実際それは人工的です。それらはあなたの神性の本物のフィーリングや気づきではありません。

あなたは精神的な不均衡を感じ始めています。分析し、集中し、合理的に考える能力が失われたように思っている人もいます。心配すれば、それは身体に作用し、突然あなたは完全に機能停止してしまったように感じます。「何が起こっているのだろう？」と、あなたは訊きます。あなたは自然なプロセスをくぐり抜けているのです。マインドと身体が一緒になり始め、あなたの神性が入って来ています。それは素敵なことです。

呼びかけ

最近、呼び声を聞きましたか？　もしかするとそれは、扉を執拗にノックされているような感じかもしれません。向こう側の天国から来ているわけではありません。大天使ガブリエルでもありません。あなたの内側から来ています。

呼びかけはあなたの「意識のボディ」、統合された身体、マインド、スピリットから来ています。「意識のボディ」は制限された人間の意識だけではなく、あなたの意識の可能性全体を含んでいます。それはあなたの注意を引こうとしてきたのですが、あなたは遮断しようとしてきました。戸外で犬が吠えていたら窓を閉めるのに似ています。あなたはこう自問するかもしれません。「あの音は何だ？　本当にイライラするな！」。呼びかけはあなたの「セルフ（自己）」からあなたに向けられたものです。

その呼びかけは、あなたがあなたという「故郷」に帰るためのものです。いまここで、すぐに。それは統合への呼びかけであり、あなたと再会する以外に何もアジェンダ（意図）はありません。あなたと一緒にいて、人生体験を共有し、長いこと封鎖されていた情熱のレベルをもたらしたいという以外には何も望んでいません。

「意識のボディ」はさまざまな部分に寸断されていましたが、戻って一緒になりたいと思っています。それはこの「いま」の瞬間に、あなたを通じて行われます。あなたがいま存在しているこの転生ではなく、昨日から続いているアイデンティティではなく、今日の「アイ・アム」というアイデンティティで戻ってきたいのです。

気づきを通して、あなたはこの呼びかけを理解し感じ取ります。それは夢の中であなたに呼びかけようとしてきました。小さな声で、口やかましいちょっとした身体のうずきや痛みで、不快な感情で。あなたの注意を引こうとしてきたのです。聞いてください。それはあなたの内側から来ています。

それは必ずしも言葉で語りかけるわけではありませんし、何をすべきか指図するわけではありません。この「あなた」は何をすべきかをあなたに指図したいとは思っていません。あなたと一緒にいたいだけです。「この仕事に就くべきだ。あの人と一緒にいるべきだ」などと、言いたくはありません。そんなことをすれば意識や気づき、そして本来のあなたとは完全に矛盾してしまうからです。

親愛なる友人よ、どうか世界は壮大な場所であることに気づいてください。あなたは多くの困難な時期をくぐり抜けてきたでしょうが、世界は壮大な場所です。他の人間の目をのぞき込むときに、もう「無駄に闘ったり」、何かを防衛したり、守らなければならないと考えずに、あなたが心から誠実に相手の目を真っすぐにのぞき込むことができれば、この惑星は何とかけがえのない場所であるかを理解します。また、カオスのように見えるものは、実際にはまったくそうではないことに気づきます。「創造のすべてにおいては、すべて良し！」を理解します。

意識の波形

あなたのスピリットは旅をしていますが、スピリット独自の欲求がいくつかあります。昔からある疑問、「私は誰なのか？」に答えるために、スピリットは自らを知りたいと思っています。スピリットは自らを知るために三通りの方法でやります。すなわち、体験・拡張・表現です。

あなたの魂は**体験**を欲しています。体験なくして、自らを知ることはできないからです。なので、魂は多種多様の体験を自らに贈ります。魂はまた、**拡張**し続けたいと思っています。「スピリット」の喜びとは拡張することです。退歩しても、うまくいきません。中立を保っていればやがてドカーン！と爆発します。ですから、それ／あなたは、拡張を欲します。また、魂はその喜びを**表現**したいと思っています。「汝」自身の内側で喜びを知りつつもそれを表現しなければ、充足感はないからです。あなたの魂は表現したいと思っています。歌、音楽、本、仕事、ろくでもない人間関係、健康問題を通じて。これらはすべて表現の形態であり、スピリットが大好きなことです。

あなたがよくご存じの、あなたの別の部分があります。人間のアスペクトです。その人間の部分が、現在あなたの気づきの大部分を占めていますが、魂が体験し、拡張し、表現する歌には欠かせない部分です。そこにはまったく違うダンス、違う欲求があります。それはたくさんのアジェンダ（課題）を抱えています。なぜなら人間はほとんどの場合、魂を認識せず、自分が独力で行動していると信じているからです。だからとても防衛的になりますし、孤立し、生き残ることに焦点を合わせています。

生き残るというのは古いレムリア時代のプログラミングです。あなたは地球に行き、肉体に転生します。そうすれば体験が可能だからです。しかしあなたはそこに捕われてしまいました。そこで、生き残ることを学びます。古いプログラミングです。私はあなたが生き残るためのプログラミングを解除できればと願っています。それは本当に痛みを伴いますし、制限があるからです。あなたが生き残る必要はありません。生きる必要があるだけです。

快楽への欲求は古いアトランティスのプログラミングです。すべての人にプログラムされた快楽のセンターに由来しています。なぜでしょう？　一日の終わりにちょっとしたご褒美があれば、人を一生懸命働かせることができるからです。つまり少しのセックス、少しのアルコール、少しの承認、少しのパワーです。これがあなたの内側にある慰めと快楽のエネルギー・センターです。

私は人間が慰めと快楽のプログラムを解除するのを見たいと思っています。一日の終わりに少しのクッキーは必要ありません。

砂糖は素晴らしい発見ですが、それは催眠の覆い《オーバーレイ》を含んでいます。砂糖が悪いと言っているわけではありませんが、砂糖はあなたが気分良く感じる何かを誘発します。子供は砂糖を与えられます。なぜでしょう？　おとなしくさせるためです。特に身体に良いわけではありませんし、気分を高揚させます。砂糖は、催眠薬です。ええ、メモしてもよいですよ。「アダマスは、砂糖は催眠薬だと言った」。

さて、人間は生き残りたい、快楽、慰め、コントロール、パワーのようなものを持ちたいと思っています。このようなものが大好きです。自分のアイデンティティを確立するのが大好きです。

人間のアスペクトは自らを孤立させ、アイデンティティを創造し守ろうとします。一方、スピリットは体験し、拡張し、自らを表現しようとします。人間はアイデンティティを守ろうとするので、実際自らを本当に拡張させ、表現させてあげることはありません。アイデンティティを制約し、制限したいのです。変化が「セルフ」の向上に役立つものであったとしても、人はアイデンティティに挑戦するほとんどのものを拒みます。

スピリットはスピリットのダンスをし、人間は人間のことをやっていますが、両者が自然に離れていく

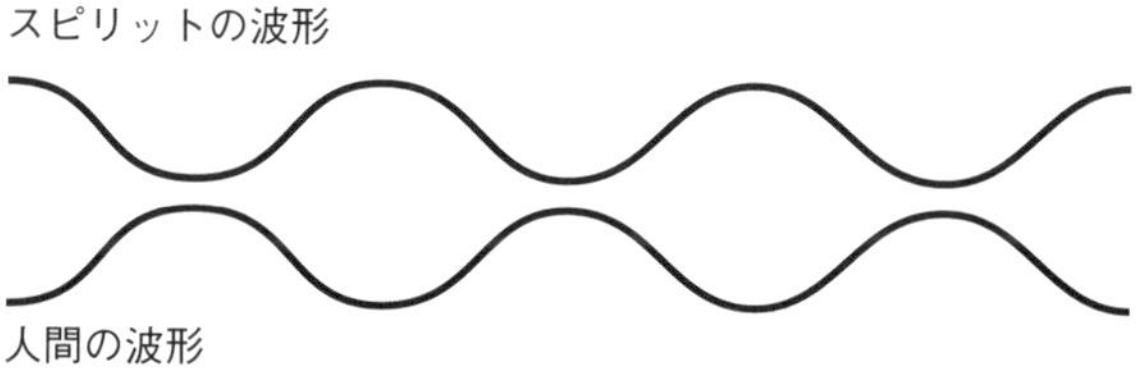

図 a

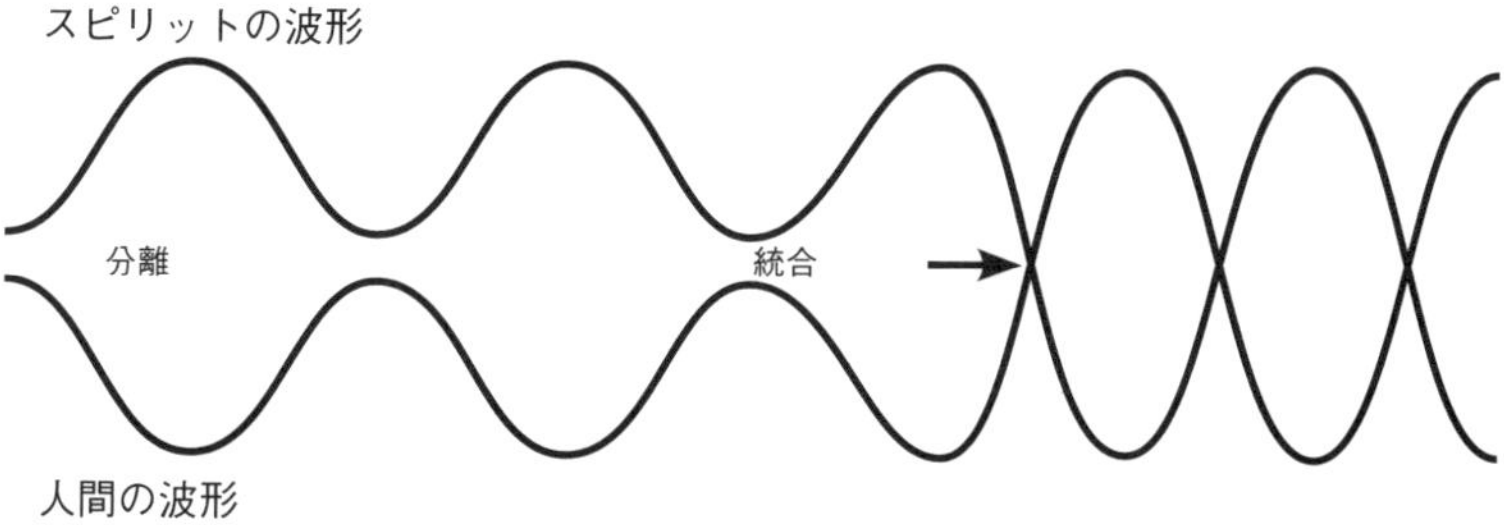

図 b

時期があります。その時期には実際、美しい体験を創り出すことがあります。人間は自らの発見へと深く入っていき、一方のスピリットはさらなる拡張に入ることができるからです（図a）。

この分離の行動が磁石のような役割をすることで、いずれは両者を近づけます。それからまた離れます。人間は人間の体験により深く入っていき、スピリットはスピリットの祝典へとさらに進んでいきます。絶え間なく行き来します。魂の美しいダンスです。一緒になり、離れ、一緒になり、離れます。

最終的にスピリットと人間は、非常に親密なかたちで一緒になります。ある時点で両者は触れ合い、現実に交差します（図b）。するとダンスは永久に変わります。分離ではなく、絶え間なく互いへと織り込まれていくのです。最初に交差する場所が臨界点です（図c）。これが、「気づきのゼロ地点《グラウンド・ゼロ》」です。言い換えれば、あなたは古いダンス、古い過去を手放しました。そのすべては歴史、記憶になります。それは体験の一部にす

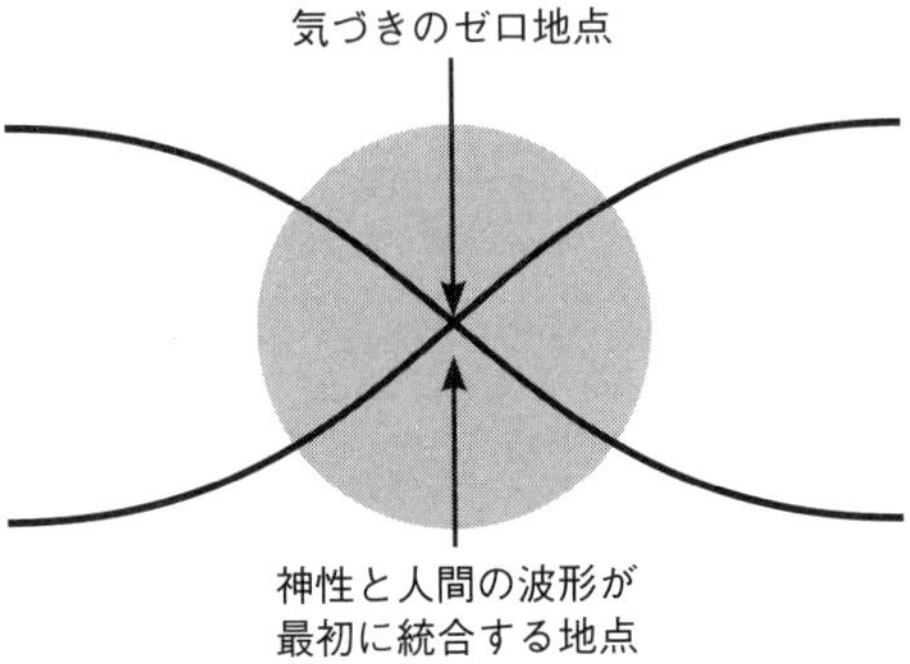

図c

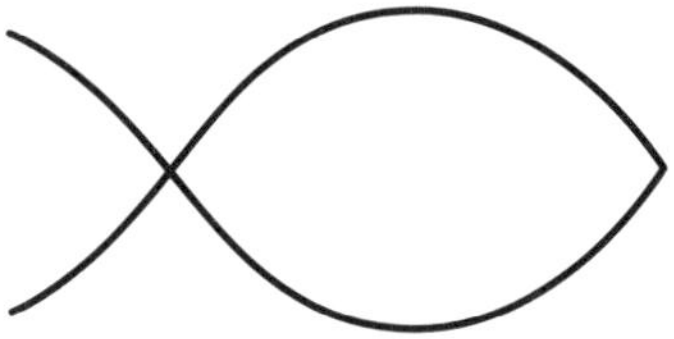
図d

ぎません。いま、両者は共にダンスを踊ります。

　このシンボル（図d）はあなた方になじみ深いものですが、これが実は何を意味するか知っていますか？　このシンボルは、イェシュアの時代に由来します。イェシュアが人を漁《すなど》る者（Fisher of Men）だったという概念を象徴しています。

　まったく違います！　このシンボルは人間の波形とスピリットの波形が、ついに交差することを象徴しているのです。二つの波形は常に分離していましたが、目覚めの過程でついに一緒になります。それは延々と続くダンスです。漁のことではありませんよ！　統合のことです。Xの点で示されているように、戻って一緒になることです。

　ああ！　イェシュアはそのことを知っていました。弟子たちや聞いている人たちに、まったく同じことを説明しました。マグダラのマリアは傍らに立ち、このとても驚異的なプロセスで何が起きているのか、さらに詳細に説明しました。彼は一緒になることにこのシンボルを使いました。人間とスピリットをついに一つにするダンスです。ここが、正確にあなたがいるところです。これが起きています。交差する地点から先は、両方の波形にはもはや分離はありません。あなたは統合された「意識のボディ」になります。

私が行った「精神のアンバランス《メンタル・アンバランス》・シンポジウム」（ワークショップ）では、このシンボルは議論する上で欠かせないものでした。精神的にバランスを欠いた人は、比較的スムーズでバランスが取れたエネルギーではなく、不規則で、機能不全に陥った波形を描いています。人間の波形はアスペクトや大衆意識のような要素に影響を受けますが、それが機能不全に陥ると、スピリットの波形も追随して機能不全に陥ります。まもなく両者は完全に互いを見失います。人間は精神のアンバランス、すなわち精神病、精神疾患、神経衰弱、多重人格などのあらゆる症状を抱えます。このような症状はどれもマインドを通じてフォーカスされていますが、実はスピリットと人間の波形が創り出す自然なリズムが機能不全を起こしているのです。

自由意志？

人間には自由意志はあるのでしょうか。ないなら、誰が糸を引いているのでしょう。血の繋がった家族をあなたの代わりに選んだのは誰ですか？　技能や才能を、あなたはどうやって身に付けたのですか？　占星学のおかげですか？　神ですか？　あなたを統治する天使のグループですか？　スピリット・ガイドですか？　あなたのハイヤーセルフですか？　オーバーソウルですか？　単純に運命や宿命でしょうか？　ただ本当に運が悪いということでしょうか？　誰が糸を引いているのでしょうか？

答えは、「そうですね、それは場合によりけりです」。あなたの意識がどの辺にあるかによります。

あなたのスピリットには独自の歌があります。スピリットは体験という波に乗って川を下っています。スピリットは、あまり気にしていません。というのは、スピリットは自分が欲する体験を得ているからです。それは拡張し、表現しています。あなたの表現が叫び大声でわめくことでも、魂は体験し、表現しているのです。健康問題は表現の一つのかたちであり、スピリットはそれを許容しています。スピリットがあなたに無関心だということではありません。しかしスピリットの必要性、欲求、情熱は、人間の必要性、欲求、情熱とは違うのです。

人間の自己は、生き残ることとアイデンティティに格闘しています。あなたは「ええ、私は自分の現実を創造しています」と言いたいのです。それは、実は真実ではありません。なぜならあなたの現実の多くは、スピリットの波形により創造されるか、その影響を受けているからです。体験していることの多くは、あなたが実際に創造しているわけではありません！

人間は自由意志を持っているのでしょうか？　いいえ、持っていません。全然、持っていません。持っていれば人生はまったく違うものになっているでしょう。人々はカルマ、宗教、スピリチュアリティ、占星学、疑い、怖れ、罪悪感、慣習など多種多様な時代遅れの信念体系の影響下にあります。人間は、自分たちは自由意志を持っていると思っています。「好きな時に仕事をやめる意志を持っている」。どうでしょう。彼らは仕事をやめません。給与がもらえないのが怖いからです。「私は好きなところに住む意志を持っている」。しかし本当は、好きなところには住んでいません。生まれた場所に、その同じ町に、パパとママの隣に住んでいるのです！

実は人間には自由意志が**ありました**が、使うのをやめてしまったため、もう自由意志はありません。人間は自由意志を持っているフリをしています。ランチに何を食べるか選べるからです。自由意志があるという「幻想」は持っています。職場に青いセーターを着ていくか、赤いシャツを着ていくか選べるからです。しかし、いいえ、人間は自由意志を持ちません。本当に持っていません。これであなたが少し腹を立てればよいのですが。あなたは自分が自由意志を持っていると思いたいのです。いまとなっては失ったものを懐かしく思うでしょう。

あなたは神性の意志を持っています。何年も前にトバイアスが言ったことですが、そのチャネリングをあなたは忘れています。その当時は、あなたはそんなことは聞きたくありませんでした。彼は言いました。「神性の意志があります」。あなたのスピリットの波形、スピリットのダンスは、人間の意志よりスピリットを優先します。これはあなたの人生に起こった多くのことを説明してくれます。スピリットがあなたにネガティブな体験を押しつけているわけではありません。しかしスピリットにとって、あなたの神性にとっては、人間が取る妙な行動や、必死になってコントロールし、快楽を享受し、制限されたアイデンティティを作り生き残ろうとする試みよりも、ずっと大切なものがあります。

それはどうでもよいことです！　スピリットは生き残ります。死はありません。イェシュアは十字架上でそれを証明しました。死はありません。あなたの罪をあがなうためにイェシュアが死んだわけではありません。あきれますね。イェシュアがあなたの代わりに死んだと思うなんて、うぬぼれています。イェシュアはこの地点まで行きました。「私はまさにこの地球上で、人間とスピリットを交差させるつもりだ。自分が生きようが死のうが構わない。人間として自らの監獄の中にいるのは、うんざりだ。私は私と一緒にいないことに、うんざりしている。自分の人間性とスピリットが分離していることに、うんざりしている。私は私のもとに戻りたい」。ブーン！　彼の人間とスピリットは融合しました。

彼らは融合しました。天と地が一緒になりました。神性の波形と人間の波形が、ついに交差したのです。

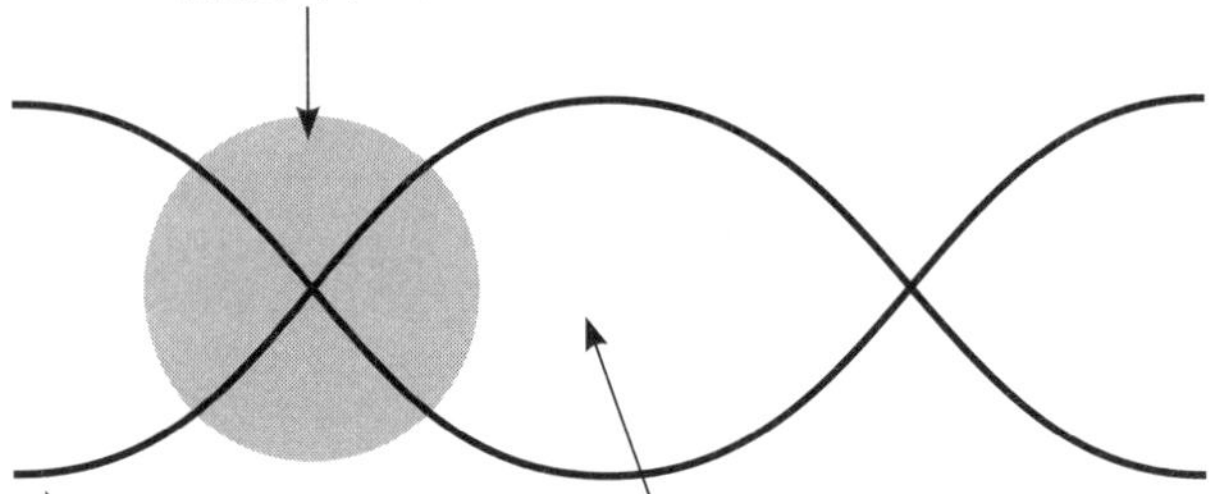

イェシュアは十字架上で死んだのでしょうか？　いいえ。彼は十字架上で生き返りました。肉体は何の意味も持ちませんでした。十字架、つまり十字の地点で、彼はそれを知りました。ちなみに、このシンボルは何百年も後になって、宗教的催眠の形態として生み出されたものです。「彼はあなたの罪のために、死にました」。そうは思いませんね！　あなたの罪のために死ねる人などいません。十字架のシンボルは本来、交差の地点、スピリットと人間が一緒になることを意味していました。いまではそれは、苦悩、痛み、罪悪感、コントロールの象徴として使われています。

親愛なる友人たち、イェシュアは十字架上で目覚めたのです。その瞬間、肉体を解放しました。その後、マグダラのマリアと楽しく暮らしました。イェシュアには肉体はありませんでしたが、彼らには子供ができました。美しい子供たちです。ええ、身体がなくてもセックスはできますよ。本当の真実です！

目覚めのゾーン

私たちは人間の波形と神性の波形が合流することについて話を

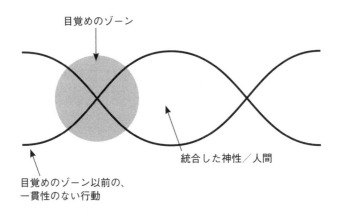

しました。神性にはリズムと流れがあり、あなたはそれを手にすることができます。人間にも独特のリズムと流れがあります。時折、両者は共にとても美しいダンスを踊ります。

彼らは一緒になり、それからまた自分の旅に出かけて行き、そして再び一緒になります。互いが近づくたびに互いの体験と智慧をシェアします。たったいまあなたがここに書かれた言葉を読んでいるときにも、人間の「セルフ」は学び体験していますが、神性もまた学び体験しているのです。美しいダンスです。

遅かれ早かれ、人間と神性の要素は一緒になります。これが現在あなたに起きていることです。あなたが「あなた」に帰ると、スピリットと人間が共に永遠のダンスを踊ります。この場所は「X」ゾーン、「目覚めのゾーン《アウェイクニング》」と呼ばれていますが、あなたはここにいます。「目覚めのゾーン」にいる人間はごくわずかです。

トバイアスは長年にわたり、あなた方の多くとワークしながら「目覚めのゾーン」の初期段階まで連れて来ました。彼はあなたが神性の存在であり、頭がおかしくなっているわけではないことを理解させました。また人間の自己が、これまで耐えてきた傷を和らげる手助けをしました。彼は励ますように、元気づけるように、あなたをこの地点に連れて来ることになる未来の可能性に目を向ける手助けをしました。あなたがあなたの可能性を見ることができる地点です。

トバイアスはあなたをここまで連れて来て、言いました。「アダマス、ここからはあなたが引き受けてください。私は地球に戻って、人間とまったく違うやり方でワークするからです」。あなた方の多くがご存じのように、トバイアスは二〇〇九年七月十九日に肉体へと転生しました。

Xゾーンに入る直前には、人間のアスペクトはとても不安定になります。あなたのスピリットは思いやりをもって実に興味深いものを映し出すことで、それに反応します。すなわち、あなたが不安定になれば、あなたのスピリットも不安定になります。スピリットはあなたに同調しなくなります。周波数が同調していれば美しい音楽になります。そうでないときは最悪の気分になります。

しかしそこには目的があります。神性の側が悪意をもってやるわけではないですし、通常は人間の側も同じです。波形が同調していなければ、同調の段階《フェーズ》へ戻そうとする強い欲求が出てきますが、古い段階、古いパターンに戻すということではありません。一貫性のないゾーン、Xゾーンに入る直前には、一貫性のないパターン同士は互いにこのようなコミュニケーションを取ります。「次のレベルに行こう。違うやり方でやっていこう」。

この一貫性のないパターンは、現在あなたがいるレベル、すなわち目覚めに到達するために波形にエネルギーを与え、弾みをつけます。

「目覚めのゾーン」では、興味深いことがたくさん起こります。世界中の目覚めつつある人たちと協力しながら、私たちは目覚めのプロセスで何が起こるかを書いていきます。話していきます。誰かがあなたに説明してくれていたら、有益だったのではないでしょうか?「目覚めのプロセスは、こういうものです。体験はあなた独特のものになりますが、こんなことが起こりますよ」。私たちがここでやっているのはそういうことです。

あなたがこの地球にやって来て、ここで肉体の中にとどまった大きな理由の一つがそれです。共に私たちは、シンプルで分かりやすいやり方でやっていきます。人間が理解できる表現を使っていきます。誰も理解できない難解な言葉を使う必要があるでしょうか?

公式

「目覚めのゾーン」、つまりスピリットと人間の波形が最初に交差する地点では、何が起こるのでしょう？　古い公式はもはや機能しません。公式とは、人間の人生に対処するためにあなたが作り上げたものです。人間は公式に従って生きる傾向があります。ちょっとした包装済みの信念体系です。食料品店で買う包装済みの冷凍食品に似ています。

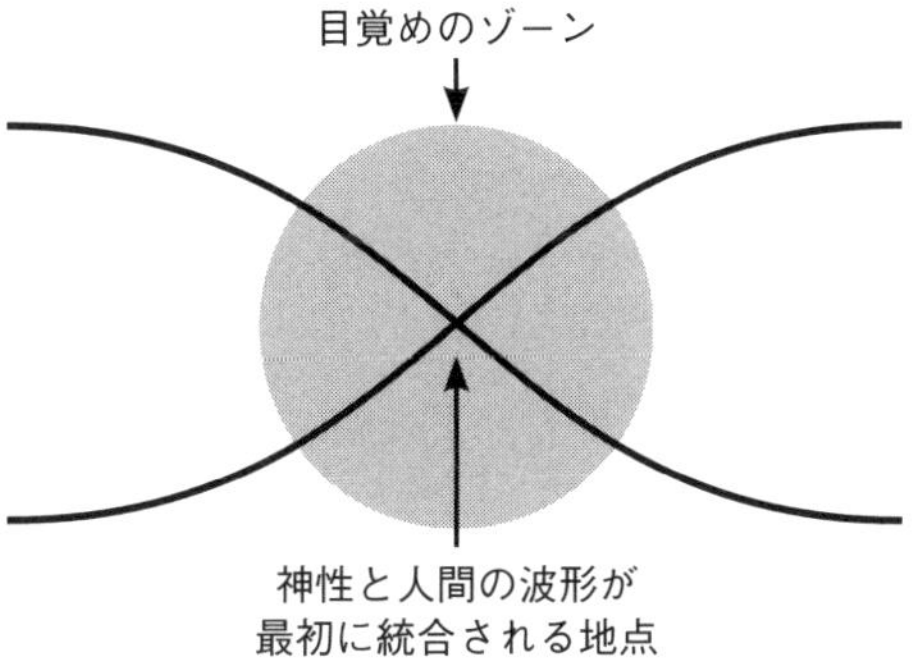

確かに公式の中には適切なものもあります。車を運転するための公式は共通するものですし、実用的です。しかし大部分で、人々はあまりにも公式に捕われています。どんな服を着るか？　これは公式です。無数の公式があります。食べ物の食べ方、仕事のやり方、お金の稼ぎ方、教育を受ける方法、さらには死に方まであります。決められた行動や習慣があり、自分は秩序ある行動を取っていると思いたいので、人間は何度も同じことを繰り返しますが、秩序があるとはあまり感じていません。彼らは秩序を生み出そうとしますが、そんなものがないのを知っています。暴風雨の中、落ち葉を掃くのに似ています。うまくいくわけがありませんが、公式は慰めにはなります。

公式は目覚めの前段階に作り出されます。あなたが「目覚めのゾーン」で「X」に達すると、それは機能しません。その人はバラバラになっているような印象を与えます。すべてが粉々に砕け、深い奈落の底に突き落とされているようで、立ち直るかどうか分からない状態です。それはまったく真実ではありません。ただ、そう**感じる**だけです。そういう体験をすることもありますが、それは単に体験の一部にすぎません。

古い公式はもはや機能しませんし、おそらくあなた自身の人生でお分かりでしょう。あなたは古い公式に戻ろうとしましたが、それはうまくいきません。

必然的に次のステップは新しい公式を生み出すことになります！　マインドは必死になって新しい公式を創り出そうと試みます。そしてあなたはそこに聞こえの良い言葉をつけ、「新しいエネルギー」と呼びます。さて、そうでしょうか？　新しい名前を持つ、同じ古い公式というだけではないですか？　そうです。なぜなら、通常新しいエネルギーの公式というものはないからです。古いエネルギーは、実際に公式に反応しました。昨日行われたことは、今日になっても繰り返すことができました。だからあなたはただ反復し、それに磨きをかけ、危機や混乱状態に陥るまで何度も繰り返すだけです。古いエネルギーは振動していて、予測可能です。あなたは新しいやり方で遊び続けていますが、それは本当はかなり予測可能です。古いエネルギーにすぎないからです。

本物の新しいエネルギーは、公式に限定することはできません。それは振動のエネルギーではないからです。パターンを持たないからです。一度、ある特定の働きをしたからといって、次も同じように働くとは限りません。新しいエネルギーは一見するととても混沌としていますが、そうではありません。実際、極めて美しいものです。本物の新しいエネルギーを体験すれば、その美しさを実感するでしょう。

公式はいりません。プロセスや手順はいりません。新しいエネルギーを使うときに古いエネルギーや他の新しいエネルギーが関与したとしても、それらは内側に内在しています。創造したり、製造したり、分析する必要はありません。プロセスがそこに内在しているからです。しかしそれが変化するので、マインドが混乱するのです。あらゆるものが崩壊しているように思えますが、そうではありません。再び組み立てられる前に、再構築しているのです。

ガブリエル症候群

私が「ガブリエル症候群」と呼んでいるものがあります。「目覚めのゾーン」にいるときにあなたが聞く「呼びかけ」です。それは実はあなた自身の魂の音です。かつてあなたは大天使ガブリエルのトランペットに応えました。地球に行くための呼びかけです。地球に行き、この驚くべき体験を共有するよう、天界の領域から呼び出しを受けました。広告担当の天使が、「世界を見て回ろう!」という広告を少々やり過ぎたのだと思います。

いまあなたは「目覚めのゾーン」に入りつつありますが、あなた独自の「ガブリエルのトランペット」が鳴り響いています。それはあなたのあらゆる部分へ向けた、統合を呼びかける音です。すなわち、あなたのアスペクト、過去世、未来の可能性、実現しなかった過去の可能性。あなたのあらゆる部分です。いま統合しようとしている神性と人間もそこには含まれます。

これは一見、混沌としたものを生み出します。不意にすべてのアスペクトが同時に「故郷」に帰って来ますが、あなたの一部は全員に「故郷」に帰って来てほしいかどうか、それほど確信が持てません。あなたは「故郷」を独占するのをある意味で楽しんでいたからです。言い換えれば、気づきの欠如です。しかし、もう全員が故郷に帰って来ます。しかもただ訪れるだけではありません。彼らはとどまります。でも、それは良いことです。彼らは統合するからです。あなたはあなたの人生にすべてのアスペクトを連れ戻すのです。

このようなあらゆることが起きている間、あなたは自分自身の内側深くにダイブします。あなたは自分自身だけでなく他のすべての人に対しても過剰に批判的になり、疑いを持ち、過度に分析的になります。この「目覚めのゾーン」では、内側深くにダイブします。自己発見へのダイブです。それは気づきを開くためのダイブですが、異常なまでの疑いや、過度に批判的な分析をもたらします。あなたが朝起きて最初に考え、夜寝る時に最後に考えることになります。あなたは夢の状態でも強迫的な分析を行うようになります。

それからあなたは、完全に身を委ねる地点《サレンダー》に到達します。トバイアスはそれを完璧に総括して、こう言いました。「それは、どうでもよいことです」。あなたはもはや自分自身も、周囲の物事も、どうやっても分析できない地点に達します。過去世やこの生涯であなたがした、あらゆるひどいことに意識を向けることに疲れ果ててしまいます。

何をすべきか?

あなたはこのXゾーンにいますが、問題は「いま、何ができるか?」ということです。あなたは人間と神性、男性性と女性性のような、あなたの二元性のあらゆる部分が統合し始めているのを知っています。ここで重要なのは信頼することです。自分自身への健全な信頼です。やみくもな信頼ではなく、健全な信頼です。

あなたがとても適切で自然なプロセスをくぐり抜けていることに、健全な信頼を持っていてください。「あなたもまた神である」ことを信頼してください。本当に、**本当に**、あなたの人間の自己に、人間の意識にそれを感じさせてください。それはあなたにとって正しいことだと感じますか？　神性へと開くことは正しいと感じられますか？　それとも行き詰まりのように思えますか？　神性を信頼しようとすると、無限の深淵のような感じがしますか？　そうであれば深呼吸をしてください。急ぐことはありません。

信頼はリアルなものでなければなりません。自らの神性に対する、自らの「セルフ」に対する信頼は、リアルである必要があります。信頼をでっちあげたり、操作することはできません。信頼とはあなたがこれまで知っていたような信念体系ではありません。別の言い方をすれば、あなたが必死になってしがみつく、単なるメンタルな信念などではありません。信頼はとてもリアルでなければなりません。

このすべてが神聖な恩寵《グレース》のうちにあることを、信頼してください。（上方を指して）彼に信頼を置かないでください。あるいは彼女を。スピリット・ガイドではなく、グルではなく、**自分自身だけ**です！　きれいな数珠、クリスタル、マントラのようなものではありません。信頼はリアルでなければなりません。「オーケー、アダマス、私は自分を信頼しますよ」と言ってから、不信感という古いパターンに戻らないでください。

別の要素は思いやりです。自分自身への思いやりです。思いやりとは、あなたのあらゆる部分を**受け入**

れることです。これだけのアスペクト、これだけのあなたの断片と部分が戻って来ますが、彼らはその思いやりを感じる必要があります。彼らを「おかえりなさい」と歓迎することです。信頼同様、それはリアルでなければなりません。言い換えれば「思いやりを持つぞ」と言ってから家に帰り、自分を打ちのめしたり、後でやるからいいさと自分に言い聞かせるようではダメです。思いやりは正直なものでなければなりません。

思いやりはまた、とてもチャレンジを伴います。あなたが自分に対して思いやりを持つと、自分が思いやりを持ってこなかったことに関するあらゆる課題が浮上します。思いやりを持って対処してこなかったあらゆるものが表面化します。あらゆる傷、あらゆる壊れた暗いアスペクトが浮上します。なぜなら、結局のところそのアスペクトは、あなたの思いやりが欲しいからです。

思いやりとは、あなたの人生に起きた最悪の出来事を見て、まったく違う見方ができる能力のことです。私が言っているのは、偽りの美点をそこに見るということではありません。本当にそれを感じること、本当に理解することを言っています。頭で考えずに、その出来事では本当は何が起きていたかを理解するのです。**本当は**、何が起きていたのでしょう? あなたはただ一つの観点、視点からしか、見ていませんでした。思いやりを持ちたければ感情を込めて、フィーリングで見たければ観察者として、あらゆる角度から眺めてみてください。

あなたは長い間、十字架を携えてきましたが、十字架は苦しみを意味しているわけではありません。十字架は神性と人間がまさにここ、地球で交差することを表します。「X」または十字架を、この新しい観点から見てください。

目覚め

（アダマスは部屋の奥に立っている）どうぞ、少しの間、後ろを向いてください。

振り返って部屋の奥に向き合ってくださいと私が言った理由は、とてもシンプルです。あなたはすでに目覚めています。アセンションをしています。どんな言い方でも構いませんが。あなたはすでに悟りを開いていています。すでにXゾーンの向こう側にいます。あなたは、やりました。達成しました。いまあなたは自分がどのようにそれを体験したかを、振り返って見ています。

真のマーリン（脚注：中世イギリス、アーサー王の頃に生きた魔術師）のごとく、あなたは時間をさかのぼり旅しています。あなたはアセンションを選択しました。ゆえに、それはすでに起こりました。いまあなたは時間を旅してさかのぼり、アセンションの旅を体験しているのです。

実はあなたはあなた自身を回想しているのです。あなたはどのように目覚めを体験したのか？　それをどのように**体験したかった**のか？　数年前にクツミ（脚注：アセンションしたマスター。クートフーミとも呼ばれる。用語解説を参照）がこれについて話しています。あなたはすでにアセンションをしています。疑い、抵抗、あらゆる妙な手法、セラピー、カウンセリング、プロセスワーク（脚注：心理セラピーの技法）をしたにもかかわらず、あなたは目覚めました。**あなたはすでにそこにいます**。

では深呼吸をしてください。あなたがどうやってそこに到達したのか、その可能性を選ぶ以外に何も心配すべきものはありません。本当に、極めてシンプルです。あなたは選ぶことができます。どうやって到達したかを選択することができます。いまはそんなふうには感じていないかもしれません。大衆意識、闇の勢力、世間全般があなたに陰謀を企てているように感じているかもしれません。しかしそうではありません。あなたがあなた自身に陰謀を企てているだけです。それだけですし、それは問題ありません。実際、すごく楽しいことです。私も自らに十万年の間、陰謀を企てていました。

トバイアスが「神性とは、あなたのシンプルさだ」と言いましたが、人間は複雑にしています。神性は実にシンプルで、美しく、純粋ですが、神性を複雑にし、ずっと離れたところに追いやり、そこに達するためには仲介者、施術士、世話人を必要とさせる取り組みがなされました。商業的、宗教的な取り組みでありました。

目覚めると何が起こるのでしょう？　あなたは再び**感じ**始めます。フィーリングとは知覚認識です。あなたがより気づいていれば、感受性とフィーリングを持ちます。すべての物事に対するさらなる知覚認識を、この「いま」に、周囲のさまざまな次元で持つようになります。

目覚めとは何でしょう？　すべてが完璧な状態であると信頼していることです。私がギャザリング（集会）の最後に「創造のすべてにおいては、すべて良し。あなたも含めて」と言うように。物事が不完全だという概念は嘘ですが、ほとんど誰もがそれを黙認しています。創造は、たとえあなたが完璧であるよう選択しなくても完璧なのです。

あなたを目覚めに駆り立てたものは何か？

目覚めのプロセスを引き起こすものは何でしょう。書店を何気なく見て回っているときに棚から落ちてきた本かもしれません。あるいは観た映画に刺激され、人生をまったく違うかたちで見るようになるかもしれません。とても強烈な夢が、これまで行ったことのないレベルにあなたを連れて行くかもしれません。あるいは愛する人の死が、生と死の意味を吟味するきっかけを作るかもしれません。交通事故のトラウマにより、快適なゾーンから抜け出るかもしれません。あるいは単にある朝目を覚ますと、自分が独りだと思うのかもしれません。不意に圧倒的な好奇心を覚えることもあるでしょう。このようなものは、いくつもの生涯にわたって、**いくつもの生涯で**醸成されてきたのですが、あなたはついにそこに繋がりました。

アセンションしたマスターたちが目覚めにおいて共通して体験するのは、一つには自分が完了したと**知っている**ということです。もう地球はいい、もう生涯を重ねるのは終わりだ、もうこれまでのようなやり方で人間と繋がりを持たなくてもいい。ディナーの席に着くのはもういい。森の中を散歩するのは終わりだ。セックスはもういい。

どのアセンションしたマスターにも、引き返してあと数回の生涯を送りたいという、ものすごい欲求を感じる地点があります。アセンションについて熟考したとき、あなたはそのように感じませんでしたか？ ええ、この地球という宇宙船を降りるのは、聞こえは良いですが、現実にぶち当たると……あなた方の中には、**これこそが**最後の生涯である人たちがいますが、地球には何かとても美しいものがあります。生きることは何だかんだ言っても、**喜びになり得る**のです。

すべてがうまくいくと分かっているところを想像することができますか？ **すでにうまくいった**と。自分が望むものを、何でも本当に創造できると分かっている状態を？ 健康の心配をしなくてもよいと、想像できるでしょうか？ 死ぬことを心配しなくてよいと？

この惑星はすごいところです。宇宙にはたくさんの生命体がいますが、人間という生命体に及ぶものはありません。アセンションへの入り口になっている惑星は他にはありません。人間より賢い生命体はありません。ええ、知性を持った生命体は向こうにいますが、それほど賢くはありません。まだたくさん学ぶべきものがあります。

目覚めにおいて、この「薔薇の果実」の地点以前にたくさんのことが起こります。「薔薇の果実」はトバイアスが創った表現ですが、それはいつでもそうしたいときに、あなたはアセンションすることができるのを思い出させるものを意味しています。あなたは、それはそこにはないというフリをしています。あなたは生涯から生涯へと浮かれ騒ぎ、たまたまそれに遭遇しても無視することさえあります。しかしある日、アセンションへの鍵はすでにそこにあったことに気づきます。それが「薔薇の果実」です。

さて、目覚めのプロセスが始まった時を思い出してみてください。あなたは本を手に入れました。好奇心と共に目を覚ましました。誰かがあなたを何かのクラスに連れて行ったことが、あなたの心を開きました。それ以前は人間としての生活にフラストレーションのようなものがありました。おそらく自分自身へ、自分のあらゆる部分に戻りたいという深い切望があったでしょう。深い切望は「失われた恋」や「ソウルメイト」のように感じられました。別の領域に別の存在がいて、あなたを待っているかのように。これまでで最高のラブ・ストーリーです。実際、それはとても真実を突いていますが、別の存在ではありません。それは「**あなた**」です。

いつかは、誰もが目覚めていきます。人によってはずっと後になるかもしれません。あなたはたまたま最前線にいます。ええ、あなたより前にアセンションしたマスターたちはいますが、それほど多くはありません。私に言わせれば、あなた方が実際これを体験している最初のグループです。これまで個々にやってきた人たちはいますが、あなた方が最初のグループです。

目覚めのこの地点においてあなた方のほとんどは、心浮き立つ、圧倒的な体験をします。あなたはあらゆるものを考え直しました。期待と喜びに満たされました。道でダンスしたいくらいでした。自転車に乗って通りを走り、すべての家のドアをノックしたい気分です。この新しい驚異的な智慧を誰にでも話してみたい気分です。あなたが見出したこの喜びを。「私は私という故郷に帰るのだ!」。覚えていますか?

これが、目覚めの地点です。それは輝かしいものです。ものすごく輝かしい体験です。その結果、途方もない量の学びを始めます。手に入るものはすべて。スピリチュアルなものは何でも。あなたは哲学書を読みます。宗教に関する本を読みます。「ニュー・エイジ」の本は何でも。あらゆるチャネリングされた存在の本を読み、そしてあなたはスピリチュアルな人になります。スピリチュアル・バッジを身に付けます。私はもうスピリチュアルな存在だと言います。それがどういう意味なのか、あまりよく分かっていませんが、でもとても良い気分です。それは名誉の印であり、拠りどころになるものであり、あなたが旅の途上にあることを思い出させてくれます。この段階は数年続きます。

目覚めの第二段階

それからとても興味深いことが起こります。あなたは目覚めの第二段階に入ります。そのすべてが構造を取り壊すということです。痛い! あなた方の多くがそこに行き、それをやりましたし、いまでもその副作用を感じています。あなたはアセンションする準備ができていて、賢明で、スピリチュアルな人になろうとしています。すると何かが起こります。あなたの人生は崩壊します。あなたは構造を取り壊すのです。

それが不運なことだとは私は言いたくありません。おそらく必要なことでしょう。しかしそこまで痛みを伴う必要はありません。破滅体験である必要はありません。それがなぜ起きるのかといえば、この「痛い」ゾーンでは自分だと思っていたものが、これまで抱えてきたあらゆる信念がすべて崩壊し始めるからです。それは実は変容のプロセスなのです。すべてが崩壊しているように**見える**だけです。まるで粉々に砕けているような気分です。地震で古い建物が崩れるように。人間のアスペクトは悲鳴をあげます。「いったい、私の人生に何が起きているんだ⁉」

さて、あなたは途方もない矛盾の真っただ中にいます。あなたはスピリチュアルな人なのに、人生が崩壊しているように思えます。自分がどれほどすごい人になるか、あなたは人々に言ってきましたが、いまあなたはクズ同然です。彼らは陰で笑います。目の前で笑うこともあります。あなたは仕事を失くします。伴侶、健康、マインドを失くします。あらゆるものが崩壊します。あなたは構造を取り壊しているのです。**祝杯をあげてください！**　あなたはいま、目覚めを経験する段階にいます。すべての古い価値がシフトし、変化し始めます。古い信念体系はすべて、取り壊されます。

あなた方の実に多くが、この人生で成功すべく生まれ育つアスペクトを持っています。良い仕事に就き、良い家庭を持ち、自分を誇りに思う人たちが周りにいて、誇りに思う子供たちがいる……必ずしもそうはなりませんでした。そのアスペクトは、ちなみにまだとどまっています。まだそこにいて、こう言っています。「ふ～ん、**君は**この、まともじゃないスピリチュアルな道に入ったけど、**私の**人生を見てごらんよ」。そのアスペクトは、**あなたの**人生など気にかけていません。そのアスペクトは**自分の**満足感を得たいのです。それはおとぎ話の人生を望んでいるわけで、必ずしもスピリチュアルな人生を望んでいるわけではありません。

突如としてあらゆるものが崩壊し、あなたは自分の頭がおかしくなったと思います。あなたは精神的、肉体的、金銭的、霊的にアンバランスになります。もはや何ひとつ、つじつまが合いません。

ここがアスペクトたちにとってのパーティ・タイムです。彼らはここで、戻って来ます。中には多くの生涯で音信不通だったアスペクトもいます。彼らは別の領域に行っていました。あなたを信頼していなかったからです。彼らは他の場所に行ってしまいましたが、ふいにあなたのもとへ帰らなければという衝動に駆られます。あなたが聞いたのと同じ呼びかけを彼らは聞きます。何かに掻き回されているかのように感じるのです。そこで彼らはあなたのもとに戻り、あなたを乗っ取る時なのか、取り仕切る時なのかどうかを確かめに来ます。あるいはあなたに何が起きているのか、好奇心を抱いている彼らの一部もいます。「ひょっとすると、私たちは本当に故郷に帰れるかもしれない！」。それから、彼らは笑います。「あり得ない。あり得ない」。

あなたのアスペクトたちが戻って来ます。その中には、あなたを毛嫌いしている者もいます。バカだと思っている者もいます。権力とコントロールが欲しいアスペクトもいます。これはあなたにとってもあなたのアスペクトにとっても、とても困難な時期です。あなたがくぐり抜けているこの時期は壊れやすく、しかもなお極めて重要な段階です。

覚えておいてください。大丈夫なのだということを。あなたはすでにアセンションしていて、いまはただ時間をさかのぼり、どうやって到達したかを辿っているだけです。唯一、後悔することがあるとすれば、大丈夫だとあなたが気づかなかったことです。大丈夫にするのだと格闘したことです。大丈夫なのだとあなたが信じなかったことです。この驚くべきプロセス全体を通して、あなたが後悔するのは「しまった！もっと楽しめばよかった」ということです。**大丈夫なのです**。

たったいま、この部屋のエネルギーが完全に変わりました。あなたが携えてきたあらゆる緊張や不安が、ふいにシフトしました。あらゆる心配はどうってことのないもののためでした。心配するとはどういうものなのか、体験する以外には！

それについて考えないでください。ただ、感じてください。考えると、あなたはこう言います。「ええ……でも……そうですね、世の中の現実というものは、アダマス、お分かりでしょう。私には仕事があるし、家族もいて、責任があります」などなど。いま、あなたはここで古いゲームに逆戻りしています。

アセンションした立場から振り返り、「私は、どのようにそこに到達する体験をしたいのか？」と言ってください。私からあなたに伝えられることがあるとすれば、これです。あなたは自らを**回想しているの**です。あなたが選ぶのであれば、アセンションへの道を、プロセスワークを使ってやりたいならできます。しかし、振り返り「私はこのようにやるのを選んだ」と言いたいなら、あなたは永劫ともいえる年月を反対のやり方でやってきたので少し練習が必要ですが、あなたにはできます。

ですから親愛なる友人たち、この「目覚めのゾーン」ではすべてが崩壊し始めます。陰うつに思えます。暗く思えます。あなたは途方に暮れています。肉体の死も含めて、あなたが直面したものの中で最も強烈な死のプロセスになります。

肉体の死というのは、これに比べれば天気の良い日に公園を散歩するようなものです。ただ肉体のアスペクトを手放すだけだからです。通常は身体が死ぬ何日も前に意識が離れます。あなたは繋がりを失くし、ただあの世へと消滅していきます。それから肉体が死に、皆が泣きます。まあ、皆というか、ほとんどの人が。しかしこちらはもっと困難です。これはセルフの死です。プロの手で、いくつもの生涯をかけて入念に構築され、非の打ちどころなくデザインされ、操作されてきたセルフです。このセルフはあなたが自分を不滅にするためにデザインしたものですが、突如としてそれが不滅ではないことをあなたは発見します。

肉体のことを話しているのではありません。私が話しているのは人間のアイデンティティのことです。このロボットのようなアスペクトは、完成された人間であるようにプログラムされました。すなわち美しい身体、魅力的な顔、申し分のない服装のセンス、はかり知れない富、何よりも優れた知性、手を振るだけで奇跡を起こす能力、そして当然ながら、いつでもチョコレート・チップ・クッキーの香りを嗅いでいられること。この人間のアスペクトは地球上の数多くの生涯体験からあなたが入念にデザインし、プログラムしたものです。いま、それが大きな幻想だったことをあなたは発見しました。

あなたが完璧な人間の状態に到達することは、決してありません。それは達成不可能です。なぜでしょう？　なぜなら「完璧な人間」になってしまうとこの惑星を離れたくなくなるのを、あなたの内側深くの何かが知っていたからです。しかしあなたの魂は、いつかは帰る時がやって来るのを知っています。

構造を取り壊す時期は、速い人でだいたい十～十五年続きます。もっとのんびりしたペースの人なら、三、四つの生涯をかけます。これだけの堆積した信念、思い込み、幻想、怒り、傷、あらゆるものを考えてみてください。これだけのものを積み重ね、あなたという人間になるまでにどれくらいの時間がかかったかを考えてみてください。そのすべてを解き放つのに、どれくらいかかると思いますか？

融合のゾーン

次の段階が「融合」です。ちなみに、段階と段階の間には明確なラインはありません。一つの段階から次の段階に飛び移るわけではありません。それらは互いに流れ込みます。話の便宜上、私はかなり単純化しています。

あなたは目覚めのプロセスにおいて「融合」に達します。波形が一緒になります。突如として、あなたは自分が戻れないことを悟ります。それは**起こっています**。戻ろうとしても、戻れません。忘れようとしますが、知っていることを忘れることはできません。あなたはテストまでします。あなたは言います。「このすべてを無効にできるだろうか？」。それはできないのです。

この次の段階は融合であり、とても深いレベルで、実際にあなた自身を、あなたの神性を感じ始める場所です。あなたはまだ、とても人間的に感じていますが、ふと明確さ《クラリティ》を、垣間見ます。ふいに創造性のほとばしりが出てきます。とても長い間、創造性のほとばしりはありませんでしたが、突然、出てきます。クリエイティブなもの、音楽、芸術活動のようなものに惹かれます。これまでずっと目の前にあったのに気づかなかった、さまざまなものの美しさを見ます。

さて、あなたは構造を取り壊す上での混沌やトラウマをくぐり抜けていますが、いまでは希望があります。これが本当に起きている証拠を見ています。あなたは実際に肉体を持たない存在たちと繋がって、コミュニケーションを取り始めます。彼らは答えますが、あなたは当然ながら疑いを抱きます。そしてもう一度やってみると、今回はもう少し明確さがあります。霧が晴れ始めます。でも次の日は濃くなるかもしれません。突如としてあなたは何か深い、新しい情熱を感じるのですが、次の日になるとまた薄れていくように思えるかもしれません。

あなたはその特異なミドル・ゾーンにいますが、そこが、親愛なる友人たち、あなた方の多くがいるところです。あなたはまだ不安を抱えています。まだ少しショックに包まれています。この目覚めのプロセスそのものに圧倒され、畏怖の念を抱いていますが、親愛なる者たち、この融合においてあなたはあなたの「セルフ」を、この失った愛を感じ始めます。このフィーリングはさらに強烈になります。面白いことにこの段階では、失った愛に対してあなたのハートが恋い焦がれるだけでなく、**それ**もまた**あなた**を恋しがっているのをあなたは感じるようになります。

それは言葉では表現できないフィーリングです。あなたのあらゆる部分があなたを恋しく思い、気にかけ、あなたと離れてしまったと感じ、あなたのもとに戻りたいと願っています。それはあなたが戻りたいと思うよりずっと強いものです。それは言語に絶する体験です。驚くべき、美しい体験です。百分の一秒しか続かないかもしれませんが、それは問題ではありません。**それは問題ではありません。**

突然、あなたが探し求めてきたものが、本当にすぐそばにあるのをあなたは発見します。あなたはまさにブレイクスルー（突破）するかのように感じます。ほとんどそれを味わえるくらいです。ほとんど吸い込むことができるほどです。悟り、気づき、アセンション、何と呼んでもよいのですが、それは本当にすぐ近くにあります。ここにあるのをあなたは知っています。もはや見果てぬ夢ではありません。それは、まさにここにあります。

しかし待ってください！ ここは極めて注意が散漫になる地点でもあります。まさにこの地点です。あなたはそれを味わい始めますが、ふいに注意がそれます。

注意をそらすものは何でしょう？ あなたはこれに答えることができるはずです。それを体験しているからです。注意をそらすものは何ですか？

あなたの肉体です！ 痛み、苦痛、病気への懸念。でもあなたの身体は自分の面倒を見ることができます。ただこう言ってください。「親愛なる身体よ、私は重要なオープニング、開花、悟りをくぐり抜けているのです。どうか、自分の面倒を見てもらえますか？」

身体は、入って来ている強烈で圧倒的なエネルギーに耐えていけるでしょうか？ マインドはブレーカーを落とさずに、対処できるでしょうか？ 身体はＤＮＡの配線替えに対処し、身体の器官、血液、細胞のようなあらゆるものに、変化のプロセスを通り抜けさせることができるでしょうか？ それはあなた次第です。完全にあなた次第です。**あなたが**、結果を決めることができます。「親愛なる身体、親愛なるマインド、どうやってバランスを取るか知っていますね。私はあなたの中にそれを構築しました。どうやって治せばよいかご存じですね。さあ、いいからやってくれ！」。こう言えばよいのです。そのくらいクリアにしてください。

家族や人間関係も注意をそらすものです。愛する人と言いますか、もしくは部分的に愛する、時々愛する、たまに愛する人でしょうか。大きなものです。

あなたには子供たちやパートナーがいます。長い間一緒に過ごしてきた人たちがいます。これが、あなたが彼らのそばにいない、彼らがあなたのそばにいないという意味だとしたらどうでしょう？　この地点ではおそらくこれが、注意をそらすもののナンバーワンでしょう。とても大きいものです。あなたが彼らを気づかうのは高潔ですし、愛すべきことですが、しかしいろいろな意味でそれは**あなたに**敬意を払っていることにはなりません。

実は彼らがシナリオを作っているわけではありません。あなたがシナリオを作っているのです。あなたはこんなことを言います。「ええ、でも私がアセンションしたら、彼らはアセンションするのだろうか？千回の生涯がかかるのではないか？　誰が彼らのそばにいてあげるのだろう？　一緒にやるか、やらないかのどちらかだ」。それは完全にあなたの選択ですが、少し立ち止まって、その可能性だけでなく他のものを見てもらいたいと思います。

あなたが完全に目覚めたら、どうなるでしょうか？　彼らにどんな影響を及ぼすでしょうか？　ひょっとすると、あなたの光が彼らを照らすかもしれません。あなたが本当のあなたになることで、彼らが本当の彼らを見る助けになるかもしれません。もしかするとあなたは「スタンダード」になって、彼らにとっての模範になれるかもしれません。そしてもしかすると……これを少しの間、熟考してみてください。もしかするとあなたが先に行き、彼らはそこにいてあなたをサポートするという以前からの取り決めがあったかもしれません。あなたが最初に行くことで、彼らにとっての「スタンダード」になります。あなたが先に行けば、彼らがここでの日常的なあれこれを引き受けてくれるといったことです。多分、ひょっとしたら、ですが。

他にも「目覚めのゾーン」では、注意をそらすことがたくさんあります。中でも最大のものは、スピリチュアルな傲慢さです。あなた独自のスピリチュアリティです。あなたは自分自身にあまりにも没頭しますが、それは実際、**本当に気分が良い**ですし、あなたは多くを**学んできました**。しかしあなたは構造を取り壊す代わりに、古いスピリチュアルの価値を膨らませてしまいます。突如として、あなたはグルになります。賢い聖人になります。そのような地位にあるのは、まあ、良い感じがするわけです。気高い感じがしますし、他人より優位に立っている感じです。それは現実の体験ではありますが、あなたはその地位にとどまりたいと思う傾向があります。他人に向けてこの役割を演じるのが気に入っているからです。あなたは新発見したスピリチュアリティが気に入っています。良い思いをしているのに、わざわざさらに先に行く必要があるでしょうか?

あなた方の多くは現在、この場所にいます。融合にいます。それを体験しています。それを感じています。それはそこにあります。これまで感じたことがないほど、自分自身の感触を、囁きを感じています。

第2章　意識のボディ

あなたがあなたという人間を構成する要素だと思っているもの、すなわち身体、マインド、スピリットについて話をしてきました。自分を定義したがる人が何て多いのでしょう。そういうものは、もう一掃しましょう。自分自身を個々の構成要素として捉えると、基本的にそれぞれ互いを切り離してしまいます。もうそれを超える時です。

自分自身を「意識のボディ（意識体）」として意識する時です。もはや身体、マインド、スピリットではなく、人間と神性、善と悪、光と闇、男子と女子でもなく。あなたは「意識のボディ」です。器の中にあるように、ボディ全体です。君主（主権性）のように統合された身体です。あなたは「意識のボディ」です。意識とは気づきです。あなたは完全で完璧な「意識のボディ」です。肉体、感情、精神、スピリットから成っています。とりわけ、スピリットです。

あなたが選ぶのであれば、マインドはあなたの「意識のボディ」と融合します。肉体はあなたの「意識のボディ」と融合します。あなたはかつてあなたの他の部分からスピリットをずっと遠くに追いやりましたが、それもあなたの「意識のボディ」と融合します。あなたは進化し、拡張します。あなたは「セルフ」の核《コア》の部分に戻りますが、それはいまでは大きく拡張し、肉体、感情、精神を包含するのです。また「意識のボディ」は、あなたの魂がこれまでしてきたすべての体験、さらには魂が想像しながら人間の人生という舞台では演じられることのなかった、すべての体験の可能性を包含しています。

「意識のボディ」として、あなたは自らを「セルフ」、あなたの魂、主権性、「意識のボディ」以外のものとみなす必要はありません。身体は単なる肉体、骨身である必要はありません。身体は非常に非肉体的、多次元的、スピリチュアルなものでもあるからです。

身体、マインド、スピリットという古いやり方で、自分自身を定義するのはやめましょう。あの頃は良かったのです。現実のさまざまなレベルへの気づきを与えてくれたからです。けれど、あなたはいまや「意識のボディ」です。

意識とは何でしょう? それは、気づきです。あなたは「意識のボディ」です。もしくは「気づきの器」です。神とは何でしょう? あなたと同じものです。意識であり、気づきです。スピリットはあなたと一つであり、あなたもまた、神なのです(You are God also.)。「スピリット」はあなた同様、「意識のボディ」ですが、「スピリット」が肉体、人間のマインド、人間の感情を持ったことはありません。

「意識のボディ」を拡張する

「意識のボディ」の意味を理解するようになれば、あなたは自分自身を超えて意識を投影することができます。例えば、あなたのセルフを犬や猫に投影することもできます。

私は犬の中に意識を拡張するのが大好きです。犬のマインドを乗っ取るとか、犬をコントロールしようとすることではなく、短期間だけ、犬の肉体の現実に浸ることが可能です。あなたにも同じことができます。だからといって、あなたが猫や犬に変貌するわけではありません。あなたがあなたの「意識のボディ」を別の「意識のボディ」へ拡張するという意味です。惑星の反対側にいる犬、あるいは猫、鳥など、何でもあなたが選ぶものに自分自身を拡張することができます。たったいまノルウェーの特定の都市で、特定の家や地域で起こっていることを、鳥を通じて認識することができます。「意識のボディ」を拡張すれば、あなたはそこにいることになります。本当にいるのです。

鳥、猫、犬のような動物は、魂を持つ存在ではありません。ごくわずかな例外を除いては、動物は魂を持ちません。ですから、動物の魂を乗っ取るとか、永久にそこにとどまることはありません。少し時間が経てば、そこから出て行きたいと思うでしょう。私が動物と共生するときは、通常は三日以上過ごすことはありません。

本物の声

本物の声が「意識のボディ」なのです。それは包括的な声で、神性だけの声ではありません。あなたは神性を分けてきました。どこかのスピリチュアルなクローゼットに入れて扉に鍵をかけ、そのクローゼットがどこにあるのか忘れてしまいました。「意識のボディ」は神性を超えています。それは人間でもあります。メンタルなものでもあります。あなたの未来の可能性でもありますし、決して顕在化することのなかった、現実化しなかった過去の数々の可能性でもあります。

過去に何かが起こったというのは偽りです。例えば、あなたがひどい病気にかかったという出来事があったとします。いまあなたは自分が人生のある時期、ひどい病気にかかり、ほとんど死にかけたのだと信じています。あなたは、それを起きた出来事として記録します。それはあなたの物語《ストーリー》で、あなたの歴史《ヒストリー》ですが、現実はまったく違います。それは数多くの、とても生き生きとしたリアルな可能性の一つでした。この現実でたまたまあなたが現実化したものです。しかし別の現実には、非物質的な形態で現実化した、たくさんの可能性がありました。あなたは他の数多くの可能性も検討していて、どこかのレベルで考えていましたが、それらが顕在化することはありませんでした。あなたの数々の可能性が、あなたの本物の歴史です。これが起こった、とあなたが思っているものではありません。

本物の声が「意識のボディ」なのです。まさにこの瞬間の「アイ・アム」です。昨日のことは重要ではありません。過去の生涯は関係ありません。未来の可能性の数々は、この瞬間からしか熟考できませんし、思い巡らすことはできません。未来の可能性に入っていき、思い巡らすわけではありません。これから何年も、たくさんのことがあなたに起こるでしょうが、未来に入っていって検討しないでください。まさにここで、熟考してください。ただし、あなたは声を、**あなたの声**を信頼できなければなりません。あなたが頻繁に過去や未来に投影するのはなぜかといえば、あなたが「いま」の瞬間にある、この声を信頼していないからです。

今日、私たちがやっていくのは自分の声を信頼するプロセスを始めることです。しかし他のすべての声がどこからやって来るのか、理解していなければなりません。大衆意識、エイリアン、それ以外に肉体を持たないエンティティたちがいます。これから私たちがやるのは、あなたの「意識のボディ」の声の気づき、あなたの気づきへと入っていくことです。それは言語を使いません。フィーリングです。この瞬間の「ノウイングネス（知っている状態）」です。それが、声です。

あなたが頭の中で音や言葉を聞くことはありません。おそらくハートに、お腹に何かを感じるでしょう。黄金の、蜂蜜のような、温かい甘いエネルギーが流れていき、頭のてっぺんから足まで、あのゾクゾクする感じが起こります。それが、声です。あなたがそこにいるというノウイングネスです。あなたはそれを感じ、気づき、聞きます。

それはあなたの人間的な属性を備えているかもしれませんし、いないかもしれません。この声は、「普遍性」です。それを聞くには、無条件の信頼が、あなた自身への信頼が必要になります。この聖なる安全な空間においては、あなたはあなたの本物の声を聞くことができます。あなたの「意識のボディ」の声を、あなたの気づきの声を。

第3章

現在の人間の意識は、どんなエネルギーなのか

いま、何が起こっているのでしょう。神の戦争です。たったいま、あなたは地球上のあらゆるところでそれを目にしています。戦争と呼びたくないでしょうが、それは戦争です。もしかするとあなたは、知的、神学的対立と見ているかもしれませんが、それは戦争です。地球における完全な全面戦争です。

人間のグループや個人は自らの神性を理解しようとしていますが、そうすることで彼らの人間のアスペクトの多くが入って来て、結果的に彼らは非常に正義感に駆られるようになります。あなたは神の主張のいざこざを目にしているのです。「私の神はあなたの神より良い。私に受け入れてもらいたければ、私の神を信じなければなりませんよ」。このような戦争は、当分続くでしょう。

すべては人類が内なる神を理解したいという心からの欲求に関係していますが、ほとんどの人間はそれをやるための概念を**何ひとつ**持っていません。そこで宗教、教義、教典、預言者を通じて外面化されます。結果、神の戦争が起こっています。

しかし**本物の**神の戦争は、いま、どこで繰り広げられているのでしょうか?　地球上ではありません。

ある意味で、地球にいる人間は「地球に近い領域（Near Earth Realms）」で行われている、本物の神の戦争の操り人形だといえるでしょう。そこが、本物の闘いが行われている場所です。

「地球に近い領域」は、どこにあるのでしょうか。それは物理的地球に近接した、エネルギー的な次元にあります。そこは非物質的な場所ですが、地球と密接な関係にあります。「地球に近い領域」は地球を取り囲んでいますが、そこには数多くの、実に多くの層があります。

地球の始まり、また地球上に人間が来た当初は、実は「地球に近い領域」はありませんでした。しかしいったん肉体に転生し、死に始めると、人間は死んだときに地球の体験を手放したくないと思うようになりました。そこで、私たちが「地球に近い領域」と呼んでいる、この「ゾーン」に行くことにしたのです。そこはあなた方の多くが生涯と生涯の間に行った場所です。そこは**ほとんどの**人間が生涯と生涯の間に行く場所です。彼らはそこに着いてからも、物理的地球にいたときに信じていたことを行動に移し、体験し続けます。気が遠くなるほど無数の人間の転生が繰り返されてきたことから、この「地球に近い領域」がどれほど混雑しているか、想像できると思います。

仮にあなたが仏陀を信奉していて「地球に近い領域」に行けば、「地球に近い領域」の小さな一角にある、仏陀と一緒にいられる場所に行くでしょう。あるいは念仏を唱えたり、仏陀を崇めたり、崇拝したりし続けるかもしれません。自分をどれほどよく思っているかによって、あなたは仏陀に会うかもしれませんし、会わないかもしれません。仏陀は、そこにいるのでしょうか？　まさか。

イエスを崇拝している人たちも同じです。あなたが強くイエスを信奉しているとします。イェシュアではなく、イエスを。イエスを救世主だと信じていれば、死んでからはおそらく「地球に近い領域」にある救世主としてのイエスを崇拝できる場所に行くでしょう。とてもたくさんの者たちが、イエスを待っています。キリストの再臨を待っています。携挙《けいきょ》（脚注：キリスト教、特にプロテスタントの終末論において、敬虔なキリスト教徒が再臨したイエスと出会い、永遠の命を得るというもの）を待っています。終末を待っています。あなたがイエスに会うことは、まずないでしょう。そこに行くとすれば、自分にその価値があるとは思っていないからです。自分が値すると思っていれば、そこにはいないでしょう。どこか別の場所にいるはずです。

あなたが敬虔なモルモン教徒なら、モルモン教の天国に行くかもしれません。モルモン教の「地球に近い領域」に。そこは非物理次元ですが、地球の特性と密接に結び付いていて、自らの信念を行動に移しているモルモン教徒で溢れています。

カトリック教徒の中には、自分たちには特別な場所があると思っている人たちがいます。類《たぐい》まれな、他のどんな場所とも違うところです。敬虔なカトリック教徒の中には、そうした独特の領域を持つ人たちがいます。そこは実に雄大です。彼らはそこで大聖堂や教会を建て、聖人を崇拝し、聖体拝領を行います。これは彼らの権利であり、選択です。

ひょっとすると、あなたは自分の子供や愛する人に対して取ってきた態度に、悲しみや後悔の念を感じているかもしれません。するとあなたは「地球に近い領域」に居座り、地球にいる家族を導き続けようと思います。罪悪感が、あなたを彼らに、この惑星に結び付けておくのです。

人間は死ぬと、大抵、別の領域に行ってからも自分の宗教的信念を行動に移し続けます。ユダヤ教徒、モルモン教徒、カトリック教徒、イスラム教徒、仏教徒のグループなど、例を挙げれば、きりがありません。とりわけ、教会の分派や教会から離脱した狂信的な一派は、自分たちのグループに他の存在を勧誘しようとします。地球で肉体を持っていたときの行動によく似ています。

ちなみに、彼らは常に自分が死んでいるのを認識しているとは限りません。彼らは合理的なプロセスを経て、こう言うわけではないのです。「そうか、私は死んだのだ。本物の天国にいるわけではなく、天国の**ような**場所にいるわけだが、多分私はここで神に会うのだろう。救世主に会うことになるのだろう」。

このような領域は、たくさんの宗教エネルギーでとても混雑しています。存在の多くは、いまだに自らの宗教上の信念を狂信しているので、ここで戦争を始めます。これは必ずしも地球で行われているような銃や爆弾を使った戦争ではありません。「地球に近い領域」での戦争は、心理的戦争《サイキック・ウォーズ》です。それはエネルギー戦争であり、地球が創造されるずっと前に起こった天使たちの戦争に似ています。

「地球に近い領域」で起きているエネルギー的な戦闘では、宗教の一派が別の一派と闘います。勢いを維持し、動機づけしてエネルギーを高めるために、彼らはエネルギー的に地球上の宗教の支配者集団に繋がります。すなわち教会に。このような組織は「地球に近い領域」にいるグループにとってのエネルギー・センター、エネルギーの接続点になります。ヴェールの双方（脚注：クリムゾン・カウンシルの存在たちは、地球と地球に近い領域を隔てるものを「ヴェール」と表現する。このヴェールには、覆い《オーバーレイ》という意味もある）の側が持つ宗教的信念への情熱ゆえに、このエネルギーの繋がりはとても強固です。

神の戦争は、現在とても激しくなっており、それは今後、何年も続くでしょう。これは地球上の宗教団体同士の関係に、影響を及ぼしていきます。国の政治機構が単一の宗教を基盤にしている国が多いため、国家間の緊張も続くでしょう。

傍観者の立場を取ってきたグループが活動的になるでしょう。主流の宗教団体から離脱したグループが、より狂信的になります。地球上では天国、神という名のもとに、さらなる対立が出てきます。

多くの宗教が教えようとしているものにもかかわらず、ここには愛、「スピリット」はありません。メンタルな対立です。言い換えれば、人間の聖典やルールに関するものです。それは人間が考え出した、神を崇拝するための手段ですが、危険なものです。神は崇拝される必要がありません。スピリットはそのようなエネルギーは欲しくありませんが、人間をコントロールするには手っ取り早いやり方です。それは現在、地球上で施されている強力な催眠を続ける方法としては効果的です。

神の戦争は今後、数年間の重要な要因になるでしょう。怖れないでください。驚かないでください。そして、**関わらないでください**。関与しないでください。

あなたはこの生涯の初期の段階で、あなた独自の神の戦争を体験しました。何を信じるべきか、信じぬべきか、公正さ、自らへの裁定について独自の闘争をくぐり抜けてきました。自分のルールに関して、あなたは数多くの戦争で自分自身と闘ってきました。何が正しいのか、間違っているのか、何が光で、何が闇なのか。いまではあなたはずっと賢明で、よりバランスが取れていますし、内なる神を、より深く理解しています。このような他の神の戦争には、関わらないでください。

神について、この質問そのものに対する本当の答えは一つしかありません。本物の真実は一つだけですし、真実は完全に個人的なものです。神を、組織や教会を通して見出すことはありません。組織や教会は、時折サポートを提供することはできるでしょうが、あなたに答えを与えることは、決してありません。答えは、常に内側からやって来ます。答えとは、「アイ・アム・ザット・アイ・アム（我は我たるもの）」であり、それは解釈を超えたものです。悟りを誰かから、何か別のものから得ることはできません。

エネルギーは、動きたがっている

エネルギーは、かつてないほど動きたがっています。歴史上には、エネルギーがとても鈍く、行き詰まっていた時代があります。しかし現在、エネルギーは動きたがっています。誰かとダンスしたがっています。誰かと一緒に動きたいのです。何十億ドルというドル紙幣でいっぱいの銀行を想像してみてください。ドル紙幣はただ、外に出ていき、遊びたいと思っています。しかしそれを自覚している人が誰もいなければ、このお金が自分と遊びたいと思っていることに人々が気づかなければ、お金は自力で動いていく手段を探します。動くためなら、爆発したり、燃えたり、どんなことでもやります。

それは現在、地球にあるエネルギーによく似ています。エネルギーの蓄積は史上最高です。エネルギーは遊びたがっていますし、ただ、それをやっています。新聞を読めば、テレビを観れば、あるいは現にただ自分の身体に耳を傾けるだけでも、現在エネルギーが動きたがっているのが分かるでしょう。それは誰かと一緒になって動きたいのです。ダンスするには素晴らしい時です。

現在、世界ではこれだけの奇妙なことが進行していますが、しかし隠れる時ではありません。後退する時ではありません。現在エネルギーは動きたがっていて、かつてないほど、より多くの創造性を引き寄せています。一緒になって動かしてください。一緒に流れてください。実際には、いずれにせよそうなります。エネルギーに、どうやってあなたに奉仕してもらいたいかを決めるのは、あなた次第です。

人生を崩壊させることで奉仕してもらいたいですか？　それはただのエネルギーのムーヴメントにすぎません。身体に混乱をきたすことで、奉仕してもらいたいですか？　それは構いません。ただのエネルギーのムーヴメントにすぎません。それとも、あなたは選択するマスターでありたいですか？　自分と周囲の世界に対して意識的で、気づきを持ったマスターでいたいですか？　意識的な選択をしたいですか？

今夜、ダンスしてください。叫んで、大声をあげてください。犬のように吠えてください。声帯を使ってください。それはエネルギーを動かしてくれます。ビジネスを始めてください。学校を開校してください。何かをしてください。何でもいいですから。なぜなら膨大な量のエネルギーがここにあって、それは動きたがっているからです。

あなたが、どれほどうっ積したフラストレーション、欲求、情熱、エネルギーを持っているか、お分かりですか？　それはあなたの内側で、内にこもっていましたが、もう遊びたいのです！　本を書いてください。公園を散歩してください。ただ、笑うためだけに笑ってください。月に向かってトーニング（脚注：自然に声を出してエネルギーを動かすこと）をしてください。ただ、何かをしてください！

さて、それをどのように、あてはめていきますか？　あなたは人生で何をしますか？　あなたは何が欲しいのですか？　あなたはこれまで、「無の地点」にいました。どこにも行かない無の地点です。しかしもう、あなたはそこを超えていこうとしています。それを身体の中や、夢の中で見始めるでしょう。内側からのひと押しを感じ始めるでしょう。私がしているのではありません。あなたのセルフがしているのです。それでは、あなたはどのようにそのエネルギーをあてはめていきますか？　もっと多くのエネルギーを求めたりしてもよいでしょうかって？　もちろんです。いまは、叶う願い事は三つだけではありません。いくつでも、望むだけ手にすることができます。

あなたを疲れさせるものが、何だか分かりますか？　私かもしれませんね（笑）。あなたを本当に疲れさせるものは、**考えること**です。何よりも、考えることがあなたを疲れさせます。

あなたがあれこれたくさん考えているときは、あるエネルギー的なメカニズムが発生し、それがあなたをとても疲れさせます。実は身体活動があなたを疲れさせることは**ありません**。身体活動はバランス良くやれば、実際にはエネルギーをもっと引き寄せます。身体はエネルギーを取り込み、古く行き詰まってクズになったエネルギーを処理し排出し、あなたに活力を与えます。考え過ぎることが、あなたをへとへとに疲れさせるのです。考えないことについても考えない方がよいでしょう。

ここで少し、補足しておきます。このすべては自然にやって来ます。あなたが学ぶ必要はありません。実際に取り組む必要はありません。いずれにしても起きるからです。私がどんなことが起こるかを話しているのは、単にあなたがもう少し意識的になれて、それほど恐怖を感じないようにするためです。時々、あなたはちょっと調子が悪いとものすごく心配します。いずれにしても起きるのですから、選択をして、呼吸すればよいのです。あなたが、このような意識とエネルギーのパターンを創造したのだと理解していてください。だから抵抗せずに完全にそれを楽しめばよいのです。すべては自然な目覚めのプロセスの一環だからです。

強烈さ

エネルギーは動きたがっています。したがって、あなたの人生は強烈なものになります。強烈というのは、悪い意味ではありません。正気を失うということではありません。それは実際、これまでにないほど、もっと気づいているという意味です。あなたはすべてに、より気づきつつあります。いろいろな意味で、あなたはいま自分自身により気づきを持ちつつあります。たったいま、自分の周囲のあちこちに別の存在がいることに気づき始めています。

強烈なのは、実際には気づきの度合いが高まっているからです。その気づきが、新しく、より壮大な体験を呼び込むのです。あなた方の多くは、たったいま、ちょっとした体験をもたらしましたが、それは拡張していきます。壮大なものになります。思い出してください。あなたが、選ぶことができます。それを難しいものにしたいですか？　試練を伴う、つらい体験にしたいですか？　それともエキサイティングで、洞察に富んだ、楽しい体験にしたいですか？　それは、あなたの選択です。

強烈さは、それどころかあなたにインスピレーションを与えるでしょう。怯えることがあるかもしれません。圧倒されることもあるかもしれません。つまり、人生であまりにもたくさんのことが起きていると、果たして自分は対処できるのだろうかと思うからです。体験があなたのもとに現れたのであれば、あなたがその体験を創造したのです。したがって、あなたは完全にそれに対処することができます。神性のロジックによれば、質問をする前に、すでに答えがあるからです。ですからリラックスして、答えへの気づきを吸い込んで、心配し過ぎるのをやめてください。

強烈さは、夢、日常生活、あなたが会う人たちなど、あらゆるものに入って来ます。延々と、退屈な人たちに会うことにはなりません。あなたはものすごく刺激的な人たちに会うでしょう。インスピレーションを感じる人たちや、時には常軌を逸した人もいるでしょうが、あなたに引き寄せられたエネルギーに引き寄せられる人たちです。彼らはあなたに奉仕するためにやって来ます。この言葉を思い出してください。

「あなたに奉仕する」。あなたがどんなやり方を選んだとしても。

これは大きな責任を伴います。「ああ、何てこと、私の人生の創造者ですって?」。それは大きな責任を伴います。しかし、私の体験から、それにトバイアス、クツミ、現在地球にやって来ているマスターたちの体験からいえますが、どうしてこれまで反対のやり方でやってきたのか、あなたは疑問に思うでしょう。もしかすると無意識の創造者でいるとは、どんなものなのかを理解する必要があったのかもしれません。言い換えれば、自分がどのようにやっているのかあまり自覚していなくても、いずれにしてもそれは起こっていたわけです。

強烈さは仕事にも表れます。あなたが就いている職、スピリチュアル・ワーク、ティーチングに。自分を表現する方法、愛し方、シェアする方法にも表れるでしょう。

強烈さゆえに、自分のためにしばらく時間を取りたいと思うでしょう。別の言い方をすれば、あなたの人生は、めまぐるしく動き、急速に拡張するので、自分のための時間を取りたいと思うのです。一、二日かもしれませんし、一週間かもしれません。なぜ私がこんなことを言うかといえば、これだけの強烈さを体験すると、あなたのさまざまな部分や断片が追いつく必要があるからです。アスペクト、思考、夢、エネルギー、変化、変容が、急速なペースで起きているからです。すべてが追いつき、バランスが取れるよう、あなたは自分のための時間を取りたいと思うでしょう。

時々、それがいつなのかは、あなたは自分で分かりますが、ただ立ち止まりたい時があります。ひとりになり、すべてに追いついてもらい、統合させて自分の中心に戻るのです。あなたの中心は、強烈な体験以前とは別の場所にあります。中心に戻り、統合し、呼吸し、次回に備えてください。この休止、自分だけで過ごすのに必要な時間は、だんだん短くなります。統合はもっと自然なものになります。しかしそのような欲求を感じたら、ただ立ち止まるようにという内なる呼びかけを感じたら、**聞いてください**。あなたがこう言っているからです。「追いつく必要がある。統合する必要がある」。

精神のアンバランス

精神のアンバランス（不均衡）は、現在人類が直面しているものでも最大級の課題です。人類一人あたりの精神のアンバランス、また精神のアンバランスの重症度は、かつてないほど増えています。私たちは心理的なアンバランスに対処するための新しい方法を見ていきます。

現在、人間のマインドは膨大な量のストレスを抱えています。私は神経症、統合失調症、精神障害等に分類されている人たちの話をしています。生まれつき精神的に制限がある人たちの話ではありません。それは別のカテゴリーになります。

知能発育不全や精神的制限を持って生まれてきた人たちの多くは、実はカルマの結果を体験しています。私がここで述べている精神のアンバランスとは、脳への過大な負担の結果生じたものです。そこで、本当は何が起こっているのかを見出すべく、すべての層を剥ぎ取ってみれば、精神のアンバランスが流行病なのが分かります。なぜなら、もうマインドを超える時だからです。ほとんどの人が、マインドや頭脳は人間の知性の最高の形態だと考えています。それはまったく違います。あなたの「意識のボディ」の内側には数多くの知性の形態が含まれていますが、それらは人間の人生体験に関わる必要があり、また、関わりたいと思っています。

時々、人生で大きな体験や変容をくぐり抜けていると、自分はただ頭がおかしくなっているのだとあなたは思う傾向があります。医療団体も、そのように分類しがちです。というのは、あなたの内側でいま本当は何が起きているのか、彼らにも見当もつかないし、理解していないからです。

現在、地球上では膨大な数の人々がこうした精神のアンバランスを体験しています。彼らの多くは投薬治療を施されますが、それはごく一時的な解決策でしかありません。しかしこうした投薬を長期間にわたって続ければ、まったく投薬を受けないよりダメージが大きいことを多くの人が知っているのも事実です。投薬は、さらなるうつ、ひいては自殺を引き起こします。なぜなら、それは自然なプロセスを止めるからです。

少しの間、過去十年、ひょっとすると二十年かもしれませんが、あなたが人生で、目覚めの過程でくぐり抜けてきたものを、振り返ってみてください。困難で、自己批判的で、憂うつな時期をくぐり抜けるのは、どんなものでしたか？　それというのもすべて、あなたの内側で神性が目覚めていたからであり、マインドにとって試練の時でした。マインドはコントロールの番人なので、混沌から秩序を作り出そうとしますが、それはできません。マインドは限界に達していて、ストレスで疲れ切っています。そしてここには目覚めようとしている人間がいて、その人は何が進行しているのかさっぱり分からずに、こうした精神障害の診断を下されています。

精神のアンバランスは地球上で異常なまでの割合に達しているため、エネルギーが爆発的に放出されるか、または統合されるか、何かが起きなければすまない状態です。

完全に自分を信頼してください、と私は言いますが、それはマインドのコントロールを手放すことにも関係しています。あなたがマインドを通して内面と外の世界をコントロールする必要性を超越すれば、あなたが「アイ・アム」の場所へと拡張すれば、すなわちセルフへの信頼ということですが、それは意識に影響を与えます。すると、人間が精神のアンバランスに対処するやり方も変わります。また、あなたが将来おそらくやることになるワークにも、潜在的な影響を与えるでしょう。

アトランティスの夢

少しの間、あなたの行く手に何がやって来るのか、一緒に見てみましょう。地球に転生していない私たちは、地球上に重要なトレンドとエネルギーのムーヴメントを見ています。それはまるで丘の頂上に立ち、下方で起きていることを見ているような感じです。地上チームであるあなた方にとっては、起きていることを見るのは難しいかもしれません。

私たちが見ているのは、アトランティスの夢の実現です。そのアトランティスの夢においては、一人ひとりの人間に本物の自由があります。

私たちは新しいエネルギーが地球にやって来ているのを見ています。人間がかつてないほど、互いに対しもっと思いやりを持ち始めるのを見ています。すべての人が食べていける世界を見ています。一人ひとりの人間に同一の機会が与えられる世界を。「故郷」に至るすべての道に対して寛容な世界、あなたの宗教的、文化的背景がどんなものであっても。「故郷」に至るすべての道に敬意を払い、すべての人の旅を尊重する世界。「神の戦争」は、いまは激しくなっていますが、何年か後には新しい思いやりと受容に道を譲ることになるでしょう。

私たちは見ています。あなたの一生の間に独裁者のいない世界が来るのを。ボタンひと押しで地球を破壊することができる兵器を、もはや容認しない世界を。私たちは見ています。あなたの一生の間に地球そのものへの責任を受け入れる世界を。いまに至るまでガイアが担ってきた役割を、地球を慈しみ育む人間が引き受けていくのを。

あなたの一生の間に、新しい燃料源が現れる世界を私たちは見ています。もはや石油のような公害、政情不安、経済危機を引き起こす古いエネルギー燃料に頼ることのない世界を。私たちは石油への依存から自由になる世界を見ています。

創造のあらゆる場所から、これまで地球に来たことのない天界の存在たちが、初めてここに転生します。この新しい者たちは、自分たちの前にいた者たちがくぐり抜けてきた試練、苦難、苦しみ、記憶の喪失をくぐり抜ける必要はありません。なぜなら彼らがやって来ることができるように、あなたが、美しい場所を用意するからです。あなたは新しい者たちのために、意識を準備しました。新しい者たちが入って来ることができるよう、この地球を整えました。彼らの「アイ・アム」の発見が、優雅で喜びに満ちたものになるように、そして、あなたが体験したものよりずっと簡単になるように。

私たちは見ています。あなたの一生の間に豊かさがあり、バランスがあり、人生を謳歌するのを。女性性と男性性、あらゆる人種と肌の色、あらゆる体型、外見、バックグラウンド、信念体系を尊重し、平等であるのを。

あなたの一生の間に、もはや愛を抑えつけることのない世界を、私たちは見ています。もはや愛が操られることなく、人間が歪んだ性的エネルギー《セクシャル・エナジー》を使わず、虐待のための動機や言い訳に愛を使うことなく、オープンに、のびのびと互いに愛を表現するのを。

私たちは自らの内側にある愛を見たがらない人たち、他人からエネルギーを盗む人たち、他人を虐待する人たち、権力だけを追求する人たち、他人の喜びを抑圧する人たちを、人間の意識がもはや容認しないのを見ています。

この世界の意識は彼らを容認しないでしょう。厳しいやり方ではなく、要するに「あなたがここに転生して戻って来るのを歓迎しません。この時期に、この素晴らしい惑星地球は、あなたを歓迎しません」と言うのです。彼らには別の場所があります。彼らのドラマを演じられる別の場所です。自らの闇というアンバランスを演じられる場所です。どんな忌まわしいやり方であれ、彼らが選ぶ方法で神の探求を演じられる場所です。なぜなら、この地球は主権を持ち、愛情に満ちた「創造者」たちの場所になるからです。

現在、あなたが見ている世界から何年か先の私たちが見ている世界への移行には、当然ながら、とても古いやり方にしがみつき続けたいと思う人たち、他人の苦しみの中に快楽を追い求める人たちによって、分裂がもたらされるでしょう。彼らはしがみつこうとしますが、それはできません。大混乱を引き起こすためなら、人々のバランスを崩すためなら、どんな戦略でも試そうとするでしょう。それは、うまくいきません。最終的に彼らは、この地球にとどまるために折り合いをつけようとしますが、折り合いをつける時ではありません。思いやりと理解の時ですが、折り合いではありません。なぜなら、この地球は思いやりの庭園になるからです。この地球は「アイ・アム」の新しいスクールになるからです……あなたの一生の間に。

あなた方一人ひとりに、これを可能にしたことに対して感謝と敬意を表します。私がこの話をするのは、あなたが、あなたの夢が、すなわちアトランティスの夢が、本当に実現するのを知ってもらうためです。私がこの話をするのは、あなたがこの新しい時代に向けて、準備できるようにするためです。未来がもたらすものを心配する代わりに、前進できるようにするためです。

アトランティスの時代から地球の新しい時代、新しい可能性への夢がありました。アトランティスの夢とは、「新しい地球」と新しいエネルギーの実現です。あなたの夢はこの時代に教師、ガイド、他の人たちのための「スタンダード」になることです。彼らは他の人間が自分の前に来たことを知りたいと思っています。他の人間が困難な道を歩み、現にやり遂げたことを。そのために、あなたはここにいるのです。

私たちは、今夜一緒にトーニングをしましたが、トーニングは内側の何よりもかけがえのない場所にあなたを結び付け、あなた自身の共鳴を、魂の振動を感じさせてくれます。魂は実に長い間、隠れていましたが、いまあなたと統合しつつあります。今夜あなたにトーニングをしてもらったのは、あなたが本来のあなたを、なぜここにいるのかを、現在この惑星で何が起こっているのかを、思い出せるようにするためでした。

私はあなたの「意識のボディ」を統合する手段として、トーニングをしてもらいました。「アイ・アム」のセルフへの気づきのために、そして心を開き、喜びに満ちて、それを表現するために。トーニングをしてもらったのは、「スピリット」と「アイ・アム」について**考える**のをやめて、ただそれに**なる**のが、どれほどシンプルなことなのかを理解してもらうためでした。どれだけの生涯であなたは「スピリット」を、神を、「アイ・アム」を延々と学び続けてきたでしょう？　最終的に、その数多くの生涯の終わりに見出したものは空白であり、知らないままだったのではないでしょうか？　いま、私たちはトーニングを通じて、**体験**に移ります。

何人かの方はトーニングをしながら気づいていましたが、何か別のことも起こっています。あなたが共鳴すると、トーニングをすると、「アイ・アム」をこの現実にもたらすと、私たちが「新しいエネルギー」と呼んでいるものもまた引き寄せるのです。

新しいエネルギーは捉えにくいものなので、私でさえ、定義することができません。新しいエネルギーは、あなたの新しい意識の結果生じます。トーニングをすると、それは新しいエネルギーに呼びかけ、文字通りここにもたらし、まさにここに、あなたの内側にグラウンディングさせます。あなたは新しいエネルギーがどう作用するかを発見するでしょうが、それはステロイドを使用しているかのような、ただの古いエネルギーではありません。本当に新しいエネルギーです。トーニングをすると、あなたはその繋がりを作ります。するとそれが呼びかけ、あなたの人生に新しいエネルギーをもたらすのです。

あなたがこの生涯だけでなく、数多くの生涯にわたりやってきたワークに、私は心から感銘を受けています。この地球に起きることを話すだけではなく、あなたにそれを**体験**してもらいたいと思います。アトランティスの夢を実現する、この地球を。あなたが夢見てきたすべてである、この地球を。平和の場所、学びの場所、愛の場所、そして「故郷」と呼ぶことのできる場所を。

第4章　光と闇の錬金術

この冒険の趣旨は何でしょうか。それは光と闇に関することです。「光の中に在る」という話ばかり私は耳にしますが、それはいったいどういうことですか？　半分の自分でいるということですか？　怖れの中にいることですか？　闇から逃れることですか？　自分自身から逃げるということですか？　カタリ派（脚注：十一～十三世紀のフランス、ラングドック地方にあったキリスト教異端の一派）の本当の試練は何だったか、ご存じですか？　彼らは、光の側にしかいませんでした。その結果、スピリチュアル物理学から、ご承知のように何が起きたでしょう？　彼らは、闇を引き寄せたのです。なぜ闇を引き寄せたかといえば、闇と光は同じものだからです。あなたはどちらか一方だけを持つことはできません。

何年も前にトバイアスが言いました。「あなたの闇は、あなたの神性です」。あなたの神性はあなたが愛していないあなた自身のあらゆるものを保持し、愛するだけの思いやりを持っています。あなたが闇と見なしているあなたのあらゆる部分、毛嫌いする行動や行いの一つひとつ、拒絶して闇というカテゴリーに投げ入れる創造の一つひとつ、それらを実はあなたの神性が抱擁しているのです。ほとんどの人は、自分の闇は自分の神性なのだという話は聞きたくありません。神性を光という観点からしか考えません。しかし親愛なる友人たち、神性はあなたを無条件に愛しています。何があろうと。神性はあなたの闇でさえ、愛しています。そしてあなたも同じく、意識的にそうできるようになる時を待っているのです。

多くの人が試みてきましたが、闇を持たずに光を持つことはできません。私はしょっちゅう「ライトワーカー」たちの「時の声」を聞きますが、彼らがいや応なく闇に直面しなければならなくなるのを知っています。ええ、そうです。闇だけに向かってみた人たちもいますが、彼らは光を引き寄せるのです。それは自然なことです。ここ（このツアー）にいる人の中には、自分の女性性の女神のセルフを発見するために来た人もいます。すると、何が起きるでしょう？　男性性のエネルギーを引き寄せます。そのように作用するものなのです。

最近、私はこのツアーは光と闇がテーマだと告知しました。カウルダー（ジェフリー・ホップ）は、怪訝そうに訊きました。「それって、精神世界の小学校に戻るようなものじゃないですか？　十年前にやりませんでした？」

やりました、ある意味で。しかしあなたは、思考で、メンタルなやり方でやりました。あなたは「もう闇を怖れていない」と言いましたが、それでもなおあなたは闇から逃げています。あなたは頭で闇のことを考えていました。闇について、あなたは哲学的思索を巡らせていました。しかしいま、私たちはそれを体験していきます。あなたの闇の側面を体験する準備はできていますか？　光だけでなく、あなたのあらゆる部分を見る準備はできていますか？　光は素晴らしいですが、完全なものにするには闇がなければなりません。自分が闇だと思っていたものを手放す準備はできていますか？

あなたは「はい」と言いますが、こうして話している間にも、エネルギーと取り組んでいる間にも、あなたの内側にある闇が上がってきます。恥ずべき、後ろめたく、傷つき、痛んだ部分が。闇は光より強力かもしれないと思うあなたの部分が。ええ、きっとそうでしょう。あなたは常にそこから逃げているわけですから。あなたはいつも光を隠れみのにしていますから。私の愚見ですが、教会の最大の過ちの一つは、彼らが存在の全体ではなく、光だけにフォーカスしたことです。彼らは礼拝や宗教的儀式に闇を組み込んでいません。ところが、光に偏ることが自然に闇を引き寄せるのです。

闇とは何でしょう？　闇はただのエネルギーです。あなたが光を見るために創造した最初の鏡です。光は闇を見るためにあなたが創造した鏡ですが、もうその二つが一緒になる時です。逃げるのをやめる時です。あなたの知人の多くがあなたのやっているワークに疑念を抱くのも無理はありません。彼らはまだ闇から逃げているからです。あなたが光と闇の統合に近づいているのを彼らは感じているので、あなたは闇のことをやっている、悪魔と戯《たわむ》れているのだと言います。確かにそうです。なぜなら、もう光と闇を一緒にする時だからです。それをすれば二元性という概念全体が、光と闇はただの幻想だったのをあなたは理解するでしょう。

闇はあなたが思っているようなものではありませんし、光もあなたが思っているようなものではありません。この善悪という概念、何らかの懲罰として地球にいるという概念、人間の状態から抜け出すという概念、自らの人間性と人間であることのあらゆる恩恵を否定するというのは、あまりにも古い概念ですが、まだこの地に取り残されています。それはまだ、ここにあります。

カタリ派は古代の謎の多くを知っていました。彼らは神性を理解していましたが、その中のごく一部分しか知りませんでした。彼らが不均衡を創り出してしまったのは人間のセルフの否定、人間の体験の否定があったからです。確かに、彼らはいろいろな意味であなたに似ていました。彼らはいろいろな意味で、**あなたでした。**彼らは魂の進化、あるいは輪廻転生があることを知っていましたが、輪廻転生は良いものだとは考えていませんでした。それは懲罰と見なされていました。彼らは肉体の現実を否定していました。いわゆるセックス、肉体への愛という美しいものを否定していました。地球上の、この人生という祝福すべきものを否定していました。このような不均衡が独自の地獄を、生き地獄を、光と闇という問題を生んだのです。

キリストの道

教会が創設された当初、私と教会ないしは「キリストの道（脚注：キリスト教のこと）」との間に問題はありませんでした。それも性的エネルギー《セクシャル・エナジー》のアンバランス、二元性、パワー・ゲーム、操作、ドグマ、歪曲、コントロールがそこに浸透するまでのことです。その後、ええ、確かに問題が出てきました。「キリストの道」の初期の時代、私は最大の支持者の一人でした。あなたもそうです。それが光と闇という強力な二元性の課題を背負うようになるまでは。彼らは自分たちは光であり、それ以外の人やものはすべて闇だと信じるようになりました。

「キリストの道」を運営していた人たちが光と闇という二元性の概念を採用し始めると、元々希望としてあった「キリストの道」は、愛の基盤を失くし始めました。教会の根っこは刺になり、今日に至るまでごくわずかな例外を除き、彼らは光と闇のゲームをしています。

神は光だけだと彼らは言います。闇が存在するなら、どうして神が光だけなのでしょう？　彼らは天国にいる神というゲームを創造しましたが、地獄にいる悪魔もまた創造しました。彼らは人間の旅を弱く、哀れなものへと陥《おとし》れました。ああ、でもそれは違います。それは美しいものです。壮麗なものです。目的は神の恩寵《グレース》のもとに戻ることだと彼らは言いましたが、人間の肉体という形態に在ることが、あなたが自らに与えることのできる最大の贈り物なのです。それは体験です。そしてあなたはそこに捕われているわけではありません。救済の必要などありません。受容するだけです。

教会が光と闇のゲームを始めた時、私たちは「キリストの道」の内部に大きな分裂を見ました。その時が、元々の「道」を教えるための私たちの「ミステリー・スクール」の始まりでした。実はまったくミステリーではありませんでした。ミステリーがあるとすれば、どうやって私たちを見つけるか、それだけでした。私たちのスクールの物理的な所在地だけがミステリアスな部分でした。それ以外のものは本当に何ひとつミステリーではありませんでした。ちなみに、それは刺激的に聞こえます。私たちが「ミステリー・スクール」をやると言うと、誰もが参加したがります。いったんそこに行けば、ミステリアスなものはまったくありません。私たちが開いている現在の「ミステリー・スクール」で最大のミステリーは、どうやって参加費を払うのかくらいでしょう！

世界は光と闇という二元性の概念に魅惑されていますが、それは変わっていきます。それは居心地の悪いものになるでしょう。つまり、あなた方一人ひとりに光が当たると、それが影を投げかけます。光と闇は協力し合っているわけです。あなた方の中には明るい色の服と暗い色の服を合わせている人がいます。互いに役割があります。明るい色の上着と、暗い色のパンツです。

光と闇は互いを必要とします。少しの間、想像してみてください。光しかなければ、どうなるでしょう？何ものも、寸法や奥行きを持たないでしょう。すべてが闇だったら、どうでしょう？　虚空のようになるでしょう。光と闇は協力し合っています。

今日、時間を取って、文字通りの光と闇を観察してみてください。太陽の光が光線を建物、草、人々に投げかけているのに注目してください。それが闇とどんな役割を互いに果たしているのかに注目してください。現にどれほど互いを愛しているかに注目してください。それらは実のところ、原初の、最も素敵なカップルです。この光と闇に関しては、あまり難解にする必要はありません。窓の外を見れば、影と木々が見えます。影はダンスをしています。葉に当たった光は、自然の美を照らし出しています。

今日は非常にシンプルなものに戻ってください。外に出たら、気づいていてください。メモをとるのもよいでしょう。絵を描いてください。光と闇がどのように一緒になって演じているのか、光と闇がどのようにして現実という幻想を生み出しているのかに、注意してみてください。夜になりシフトが起こると、光が闇に道を譲るとき、ゲームがどう変わるか注目してください。闇の深部で、光が意義や定義をもたらしていることに注目してください。ダンスがどのように変わるのか、ダンスがまだそこにあることに注目してください。

このとてもシンプルな観察に戻ると、実際の光だけではなく、光のスペクトルそのものに気づき始めます。また、あなたが日々、あらゆる意味でどれほど自らの光と闇に戯れているかにも気づくようになります。あなたの闇を否定することが、やがては自分自身への残酷なゲームになってしまうのは、そういうわけです。闇の否定は実際、あなたを窒息させます。それはまたあなたをとてもアンバランスにしますが、あなたがバランスを崩すと、いつでも他の何かが現れてバランスを取り戻そうとするのです。

当然ながら、あなたはそれに抵抗するでしょう。何かが侵入しているように思うからです。実はそれは、バランスを取り戻そうと、あなたが自ら創造したものです。トバイアスが「自分のやり方から抜け出しなさい」と言ったのは、そのためです。あなたはすべてを癒し、直し、修理しようとしますが、そもそもそれは先入観に基づいています。例えば光に傾く、あるいは偏るように。だからあなたは常に光、善、正義にとどまろうとします。現実には、バランスを取り戻そうと、あなたの内部にある自然なフォースが働いているのです。しかしあなたはそれに抵抗し、闘い、逃げるので、ゲームは続いていきます。

統合

どうやって天国に到達するのでしょう。地球に肉体で転生することを通じて。あなたのあらゆるアスペクトを、この「いま」の瞬間に融合することで。自分自身についてのすべてを受け入れることで。現在の瞬間に、最大限充実した人生を送ることで。

アトランティス時代にさかのぼれば、人間であること、「スピリット」が身体とマインドに顕在することに焦点が絞られていました。スピリットが物質に具象化した状態でとどまるのは困難だったので、アトランティス時代の取り組みの多くは、肉体の旅を尊重し、強化することを目的としていました。身体が神殿になったのです。

後になって、この地球にいるときは、あなたはあなたの人間性を否定するようになりました。カタリ派は本物の完徳者《ペルフェクティ》であり、地球上のものはすべて邪悪だと信じていました。肉体に関係すること、さらには自然の美に関するものも邪悪だと信じていたのです。おそらく彼らは、その誘惑的エネルギーを怖れたのでしょう。彼らは独自の世界の神、悪魔を創造しましたが、肉体の現実の中に生きることすべてが闘いになりました。

カタリ派の信者は、たまに少しセックスをしたり、食べ物や俗世間の楽しみを享受したりと、放縦にふけることもありましたが、信者たちでさえ人間の体験は悪いものだと信じていました。言うまでもありませんが、教会は、罪や人間の肉体の弱さなどを持ち出し、この信念を増強しました。その結果、現在では、とても一般的な信念体系になっています。すなわち、神は完璧で、人間は欠陥があるというものです。

大勢の人々が、去る準備ができています。あの世に行くのを待っています。ユートピアはどこか離れた領域にあると信じています。ありません。典型的な人間が地球を去るときは、身体はただ置き去りにしますが、同じ意識のままです。彼らはその意識と一緒にあの世に到達します。そして大抵は、そこがある種、完璧でフワフワした天国ではないことに失望します。ほとんどの人にとっては地球でやっていたのとほぼ同じ状況です。ただ肉体がないだけです。

どれほどのフラストレーションだと思いますか。彼らは完璧になるために全生涯をかけます。決してそうはならないのですが。神に祈ります。それは、彼らが思っているようなものではないのですが。許しを請います。その必要はないのに。あの世に到達すると、地球と同じ状況です。彼らがあっという間に地球に転生して戻ってくるのも、無理はありません！

現在、意識が変化しています。まさにここで、もう完了したと実感している、あなたのようなインスピレーションに溢れた存在を通して変化しています。それはまさに、ここで起こります。人間性を否定するということではありません。人間性を愛し、体現し、楽しみ、そして何より、それと遊ぶことなのです。大事なのは「いま」の瞬間に、ここで統合することです。完璧さではなく、統合です。完璧さを求めれば、地球上でたくさんの生涯を送ることになります。完璧さはありません。受容があります。実にシンプルな原則ですが、どういうわけか、人間はあまりそれを信じたがりません。もっと学ぶことがあると信じたいわけです。身体を完璧にする何かを、達成する何かを、何か聖なるミステリーを理解することを。「あなたもまた、神である」という以外に、聖なるミステリーなど本当に何もありません。あまりにもシンプルなので、あなたのために涙を流したいくらいです。

セルフ・ヒーリング

たったいま、何ができるでしょう？　第一に、呼吸してください。呼吸はいつでも役に立ちます。グローバルな観点から起きているすべてのことは、あなたにも起きていることを理解してください。

あなたの神の戦争は、どうなっているのでしょう？　言い換えれば、あなたの信念は何ですか？　人間と神性を統合する上で、あなたはいまどこにいますか？　象徴的な意味で、それを人間（水平線）と神性（垂直線）の交差として表すことができます。この二つの統合において、あなたはどこにいますか？　両者を一緒にすることが、できるでしょうか?

上の図はただのキリスト教で使われる十字架ではありません。これは天国と地球（天と地）が一緒になることを表した古代のシンボルです。それはたったいま、まさにここで、あなたに起こります。本で学び、クラスに参加するから起こるわけではありません。あなたが、大胆に怖れずにこう言うからです。「私は、体験する準備ができている」。**体験**です。考えるとか、知る準備ができているのではなく、体験する準備ができているということです。

自らの神が現実化するもの、自らの神性がどんなものかを体験するときは、どんな信念体系も手放してください。それに関する古いどんな催眠でも。なぜなら、あなたがこうなると思うものにはならないからです。本の中に神を見出すことは、決してありません。地球上でも、別の領域でも、実に多くの魂がいまだに神を学んでいます。それは強迫的なくらいです。神を学ぶというのは強迫行動です。どんなものを学んでも、プラクティス、ハーブ、グループ、どんなものであっても神を発見することは決してできません。自分自身以外のところでは。**それは、体験なのです**。

その体験は、あなたをそのまま、永久に身体から出してしまうかもしれません。いわゆる、アセンションです。

一方、その体験はあなたを地球にしっかりとグラウンディングさせ、生き生きさせるので、生物学的な死の必要性から脱却することが可能です。言い換えれば、あなたが意識的に去る決断をするまでは、ただ、自分をここに生かし、ここを楽しませてあげるのです。身体やマインドが持ちこたえるか否かに左右されるのではなく、あなたが、あなたの望むものを決めるのです。

身体に裏切られたように思うのは、なぜでしょう？　それは信念です。あなたは頭を使って身体と闘っていますが、完全に身体の中にいることがどんなものなのか、自分に体験させ、**感じさせて**いません。ちょうど地球がこの惑星の身体であるように、身体もあなたの魂の身体なのです。あなたが老化して、鏡を見て「何てことだ、何が起こっているんだ？」と言うなら、それを愛してください。体験してください。祝福してください。だからといって、これ以上老化のスピードが速まらないということではありません。単に古いいくつかの信念、古いプロセスを逆転させるという意味です。

身体はとても誤解されています。人間は自分で身体を治す方法を忘れてしまいました。「スタンダード・テクノロジー」（トバイアスとアダマスが提供したコース）で私たちは、身体に身体が自ら治癒するための許可を与え、薬剤やサプリメントを過剰摂取するのをやめることについて話しています。人間が、この惑星に対して責任を持つ必要があるのと同じように、もう自分の身体に責任を持つ時です。

身体に話しかけ始めてください。本当に。罵るのではなく。身体を罵るとは言いませんでしたよ。私は、話しかけてくださいと言ったのです。「親愛なる身体よ、あなたは私の一つのアスペクトです。親愛なる身体よ、あなたは私がこの地球にいて楽しむための装置です。親愛なる身体よ、どうやって自分を治すかご存じですね。私があなたの中にそれを設計したのですから」。

身体に話しかけ始めてください。指図するのではなく、要求するのではなく、嘆くのではなく、ただ、自分の身体に再び繋がってください。人間は、あまりにも身体から隔たっていますが、それは催眠の一つです。「私は別の方に行っているのに、身体はこっちに行く」「私の身体は死につつある」「身体には外の助けが必要だ」。これが、あなたがいま身体について話している内容です。違うやり方で話しかけるようになれば、身体は息を吹き返すでしょう。身体は自ら、治癒するのです。あなたは体重の心配をしなくてもよくなります。健康問題を心配しなくてもよくなります。身体に話しかけ始めてください。

あなたの身体は、長いことバランスが取れていなかった神性の構成部品です。身体にはとても重要な女性性のアスペクトがあります。また、とても重要な男性性のアスペクトがあります。あなたは自分のことを男性だ、女性だと思っています。時々、あなたは男性性や女性性のことを考え、アスペクトが様変わりしますが、それを身体にもたらすのを忘れています。あなたは男性性であり、女性性です。鏡を見て「私は男性だ」と言う身体を持っているかもしれませんが。実際には、あなたは男性性と女性性の両方です。

これらの要素を戻して一緒にすれば、身体は新しくバランスが取れ、新しいハーモニーを持ちます。あらゆる薬剤、セラピー、ドラッグ、マントラのようなものを、身体に注入しなくてもよくなります。あなたが身体を完全な神性の本質に戻すのです。

それをすれば、自然なヒーリング能力に自分を開くことになります。もはや女性性のアスペクトと男性性のアスペクトを、あなたという存在の内部で一緒に持つことはありません。二元性や分離という概念は消え失せます。あなたはもはや男性でも女性でもありません。そのような識別は、もう必要ありません。あなたの身体は息を吹き返すので、必要なことは何でもできます。

あなた方の多くが、女神のエネルギーに魅了されているようです。「女神を呼び戻そう」と。しかし、おそらくもう、女神を、そして神を手放す時です。分離の必要性そのものを手放してください。統合された「意識のボディ」に入りましょう。

豊かさ

あなたの豊かさは流れに関係しています。大事なのはエネルギーを入れてあげ、通してあげることです。形而上学者は、とりわけ豊かさに頭を悩ませています。一つにはブレイン・ロック（脚注：脳の回路に鍵がかかり、錆びついてうまく動かない状態。例えば、痛みや痺れは脳が作り認知しているため、痛みの回路にロックがかかると身体に痛みや痺れを感じる）によるもので、一つには催眠によるものです。あなたはまだ、そこにしがみついています。まだ言います。「でも、トバイアスが教えてくれたことをすべてやってみたけれど、いまだに一文無しですよ」。

まず最初に深呼吸をして、自分自身に豊かさを**感じさせて**ください。豊かさを感じてください。それは神から与えられた、あるいはセルフから与えられた権利です。この世界中に行きわたるほど十分なエネルギー、十分な豊かさがあります。皆さんの多くは光に偏っているのと同じように、「不足」に偏っています。あなたはどういうわけか、豊かさは悪いものだ、罪深い、豊かだとスピリチュアルにはなれないのだと教わってきました。すると、あなたのスピリチュアルな情熱と欲求は他の何より強いので、お金はスピリチュアリティを汚すという信念が不足をもたらすのです。それは、自己達成的予言です。それを解き放ってください。あなたが選ぶのであれば。私はサン・ジェルマン伯爵の生涯ではものすごく裕福でしたが、極めてスピリチュアルでした。私は裕福なマスターでしたし、それに誇りを持っていたといえるでしょう。

豊かさは人生を楽しむことを可能にします。この地球上でも、別の領域にいても。信じられないかもしれませんが、別の領域における豊かさは素晴らしいものです。お金は必要ありませんが、フィーリングの豊かさ、スピリットの豊かさ、体験の豊かさ……そのすべてが豊かさの一部です。金銭的豊かさを制限すれば、それはつまり、あなたがブレイン・ロックの状態にあるからですが、人生を体験する能力を制限してしまいます。金銭的豊かさを制限すると、人間関係、キャリア、人に教えること、クリエイティブな表現、健康など、さまざまな豊かさの可能性も同様に制限してしまいます。豊かさのあらゆる部分を制限してしまうのです。

さて、あなたはスピリットが豊かさに欠如していると、本当に思っていますか？　感じていますか？　いいえ！　だから、あなたも不足すべきではありません。たったいま、**それを克服することを選ぶことができます**。豊かさを体験するのを選ぶことができます。ああ！　ブレイン・ロックに入り込みます。このように。「でも、どうやって？　私は良い職に就いていない。すぐに死にそうな金持ちの親戚はいない。どうやればよいのか、分からない。私はお金には詳しくない」。そのすべてを手放してください。自分自身に体験させてください。それがどのようにやって来るのかに、あなたは目を見張ることでしょう。

第5章　セルフをマスターする

マスター性《マスタリー》とは何でしょう。その領域で現実を創造し、体験する能力のことです。あなたがどんなやり方を選ぼうと、運命、宿命、カルマに制限されずにエネルギーに働きかけることのできる能力です。マスター性とはあなたの核《コア》、魂の「セルフ」を知り、意識とエネルギーがどれほど関連しているかを理解している状態です。当然ですが、他人を統制《マスタリー》することではありません。あなたの「セルフ」をマスター《マスタリー》することです。

ここに（ワークショップ）来る際、あなたは幾分、興味深い体験をしました。ここまでの道程で、この物理的な場所に到着するまでには少しチャレンジがありました。さらに音響システム、照明、空港の電気、フライトの遅れ、荷物の紛失、マインドの混乱もありました。これは「目覚め《アウェイクニング》のゾーン」であなた自身に起こっていることを暗示しています。自分が本当は何が欲しいのか、自分は何者なのか、あなたには確信が持てません。あなたは自分自身と連絡が取れていません。エネルギーはあなたの周りに集まっていますが、あなたに奉仕したくてもどうすればよいのか、いまひとつ分かりません。エネルギーはバランスを崩しています。段階《フェーズ》がずれています。しかしそれは単に一時的なことです。

マスター性とは、自分に奉仕するよう、エネルギーに絶対的に命じることです。最近開催した「ミステリー・スクール」で私たちはその話をしました。「ミステリー・スクール」に参加した生徒の中には、エネルギーへ命じることに苦労した人たちがいました。彼らは弱気になり、自分へ奉仕させるために、エネルギーに命じることを本当に怖れていました。

声高に、大胆な声でエネルギーに命じてください。「私に奉仕するよう、命じる」。すると、そうなります。そうなりますが、あなたの核から、自信を持って言わなければなりません。奉仕するよう、請い求めることではありません。あなたに奉仕するようにエネルギーに**命じる**のです。

まだ、うまく命じることができない人がいます。「エネルギーに命じるなんて、どうすればできるのか？そんなことは正しいとは思えない。私は悪用してしまうかもしれない。力を持ちすぎるかもしれない。エネルギーに命じるなんて、不愉快だ」。エネルギーに命じることが、過去世、あるいはこの生涯であなたがエネルギーを悪用し、濫用したことへの反感を誘うのかもしれません。

あなたは本当にマスター性を理解したいですか？　そうであるのを私は知っています。ええ、そのために私はここにいます。だから私はあなたとこうしているのが好きなのです。

マインドから抜け出す

マスター性を体験するにあたっては、マインドから抜け出し、思考のプロセスを超えることが重要になります。あなたはある程度、それを体験してきました。マインドよりずっと壮大なものがあります。神性の知性であれ、直感であれ、神性のノウイングネス（知っている状態）であれ、ずっと壮大な何かです。グッド・ニュースは、あなたがそれを体験し始めていることです。

マインドを超えなければなりません。なぜならスピリチュアル・アセンションにおいて、次にあなたがどこへ行くかは、マインドにはまず理解できないからです。ある地点でそれは追いつき、統合されます。古いマインドは、簡単に言ってしまえば、拡張します。つまり古いエネルギーから自由になれば、拡張するのです。そしてあなたの神性の知性と統合するわけですが、あなたはマインドから抜け出さなければなりません。ご存じのように、マインドはそれを嫌がります。このことは、何度も何度も話してきました。マインドはコントロールしたいのです。

マインドは恩寵《グレース》を知りませんし、理解していません。あなたのハート、魂は恩寵を知っていますが、マインドは知りません。マインドは恩寵を操作しようとします。恩寵とは自然で、努力のない流れです。あなたの内深くから他のすべてへの共鳴です。マインドはそれを知りませんが、神性の知性はよく知っています。

現在、あなたはマインドを超えるプロセスをくぐり抜けているところです。あなたの周囲に混沌が見られるなら、コンピューターが故障するなら、交通やフライトの遅れ、そのようなあらゆる問題があるなら、おそらくどこかのレベルであなたは恩寵をコントロールしようとしているのです。恩寵をコントロールしないようにしないでください。なぜなら、それはコントロールをコントロールすることであり、エネルギーを本当に滅茶苦茶にしてしまうからです。恩寵をコントロールしたいと思うのは自然なことですが、できないことにあなたは気づくでしょう。だからただ手放し、コントロールしようとするのをやめれば、あなたは恩寵を体験するでしょう。この流れを体験するでしょう。

マスターとして、生きる

次のステップは説明しにくいものですが、「あなた」を本当にあなたに繋げることが目的です。説明しにくいというのは、説明すればメンタルで考えてしまいがちだからです。しかしあなた方は皆、ごく最近のことですが、繋がった体験をしています。あの深い統合、本当に自分自身に戻り触れ合う、あのフィーリングです。それを本で読むことはできません。学ぶことはできません。自分に体験させる選択を与えることしか、あなたにはできません。

内側で深い繋がりを体験するという選択を、自らに与えてみてください。そうすれば、それは起こります。それは多分、あなたが起こるだろうと思っている時や、ここで起こるだろうと思った場所ではないでしょう。別の言い方をすれば、あなたは計画を立てることも、あなたの力で起こすこともできません。しかし、起こります。あなたは本当のあなた、本来のあなたの深みをものすごく実感するでしょう。そのかけがえのない瞬間がやって来たら、十分に深い呼吸をして、完全にそれを感じてみてください。

その繋がりを感じると、マスター性の本当の意味を理解し始めます。あなたはもはやエネルギーを操作しようとはしなくなります。それについて考えようとはしなくなります。それはただ、起こるのです。

けれど、あなたは進んでマウンドに上がり、何が欲しいのか明確な選択をし始め、かつそれを怖れないでいなければなりません。自分が欲しいものにフォーカスしなければなりません。例えば今日、このグループで航空機に問題が生じました（脚注：エジプト・ツアーに参加したグループが、エジプトのカイロからルクソールまで乗ったチャーター便のこと）。親愛なる友人たち、もうそれを容認する必要はありません。エネルギー的に、あなたが欲しくないものを容認する必要はもうありません。

さて、するとこのように言う人がいます。「でも、人生とはそういうものでしょう？　ひどい交通状況なんて、よくあることでしょう。人生に付き物ですよね？」。まったく違います。そのような態度でいれば、あなたの手に負えないことが起こります。自分自身に対して、また自分の選択に対して、とてもとても明確になり始めなければなりません。

空想にとどまらず、現実的になりましょう。私はこんなことはあまり聞きたくありません。「ただ、なるべくしてなる」。とんでもない。まったく違います。**いいえ！**「私には理解できなくても、本当は宇宙が、私のより高い善のためにデザインしたのではないのですか？」。まったく違います。それは権利を奪われた考え方であり、マスター性を備えた創造的な生き方ではありません。

あなたは言います。「けれど、現在、私にはコントロールできない、これだけの状況があります」。それらはただ、起こっているのです」。それを超えてください。突破してください。創造し始めてください、**自分自身のために**。他人のために創造しないでください。それはマスター性ではありません。操作です。自分のために選択したものを、創造してください。

自分のために明確な選択をすることには抵抗を感じるかもしれません。あなた方は皆、とてもいい人たちだからです。あなたは他人を侵害するようなことは何もしたくありません。あまり多くを要求するのは好きではありません。他人の気分を害するのは嫌なのです。その必要はないのですが。でも時々、自分のために何かを欲すると、他の誰かから奪うことになるかもしれないといった信念体系にあなたは入り込みます。全然、違います。あなたが自分のために求めているのであれば。そこで何が起きるかといえば、彼らのエネルギーがあなたに応じて再編成されるのです。それは彼らの選択です。あなたが彼らに何かをさせているわけではありません。

あなたはそうした明確な選択を、あまりしたがりません。失敗するのが怖いからです。最初は失敗するかもしれません。本当のマスター性に入り自分の現実を創造しても、まだ古いエネルギーや古い信念体系のなごりがあるからです。あなたを悩ます、この奇妙な「無の地点」のエネルギーがまだ残っているため、少しぎこちないことがあるでしょう。でもあなたはコツを飲み込んで、するとそれはただ起こり始めます。他の誰かから取り上げることにはならないことに気づくでしょう。実際、彼らを実にさまざまなかたちで助けることになります。エネルギーはずっとそこにあってあなたに奉仕していたのに、あなたがそれを避けていたことに気づきます。自尊心の欠如や、何か古い誓いがあったからかもしれません。原因はともかく、エネルギーはあなたに奉仕するためにそこにあることをあなたは学び始めるでしょう。そしてそれは流れていきます。本当に簡単です。

あなたはもはや、困難、試練、苦痛、欠如のようなものを容認する必要はありません。あなたが、あなたの人生のマスターなのです。何も無理強いする必要はありません。ただ、起こり始めます。流れ始めます。するとあなたは、いまあなたがいる、この「無の地点」から抜け出します。人生の無の地点、ここにいることが無である地点、共感できる意識の無の地点……すると動き出し、流れ始めます。本当に優雅に。それは螺旋を描き、拡張します。それは楽しいものです。驚異的です。そして、あなたは言います。「これが地球で過ごす最後の生涯だと言ったのを、私は取り消します。何て楽しいんだ！」

奉仕するエネルギー

あなたはマスター性へと移っていきます。ずっと前にあなたが求めたものです。エネルギーとは何か、どのように作用するのか、意識にどう対応するのか、その本当の理解へあなたは移っていきます。それは実は、極めてシンプルです。あなたが移っていくマスター性においては、エネルギーはあなたに奉仕するためにここにあることを、深く情熱的に理解します。以前にも聞いたことがある言葉でしょうが、まだしっかり染み込んでいるとはいえません。**エネルギーはあなたに奉仕するために、ここにあります。**そうしたいのです。

エネルギーに命じることについて私たちは話をしますが、あなた方の中にはまだ、命じることに抵抗を覚える人たちがいます。厳しいと思う人がいます。どうか、エネルギーは**あなたに奉仕するために**ここにあることを理解してください。エネルギーは実際、命じられたいのです。命じられないままだと、大方あなたの人生に引き寄せられないか、かなり混沌としたエネルギーになってしまいます。完全にあなたに奉仕する以上に、エネルギーが好きなことはありません。

さて、ここであなたはちょっとした問題にぶち当たります。私は「奉仕《サービス》」という言葉を使いましたが、あなたはこう思います。「私は以前、使用人《サーバント》だったから、それは最低ではないか！」。過去世であなたは他人の使用人だったことがあります。王族の使用人、軍隊の兵隊のように。企業の使用人だった人もいます。あなたはそれを従業員と呼びますが、私は使用人と呼んでいます。その生涯でのことです。あなたは使用人でした。だから私が「使用人」という言葉を使うと抵抗を覚えるのです。

あなた方の多くは上司でした。使用人を抱えていた人たちですが、あなたは手に負えなくなりました。もしかするとあなたは彼らを公平に扱わなかったかもしれませんし、彼らのエネルギーを盗んだのかもしれません。あるいは彼らに当たり散らし、ある時点でこう言ったかもしれません。「もうこんなことはしない。私は支配者、王、女王、上司にはならない。そのすべてを放棄する」。この「私はもう、それはしないぞ」というすべてが、あなたを「無の地点」に陥《おとしい》れました。つまり、何もしない場所です。

どうか、理解してください。エネルギーはあなたに**奉仕したい**のです。現にたくさんの人があなたに奉仕したいと思っています。このクルーズ（脚注：ソネスタ・ムーン・ゴッデス・ナイル・リバー・クルーズ。ナイル川のクルーズ船）のスタッフの名札にこんなスローガンが書かれていたのに気がつきましたか？「情熱的なサービス」です。名札にはっきりと書かれています。「情熱的なサービス」。彼らは本当にあなたに奉仕したいと思っています。

では、それはあなたが彼らを巧みに利用するという意味でしょうか？ まったく違います。彼らのエネルギーを盗まなければならないという意味でしょうか？ まったく違います。そういうことではありません。あなたは、あなたに奉仕する喜びを彼らに与えられますか？ あなたはこれにまだ苦心しているようですが、名札にはっきりと書いてあります。「情熱的なサービス」と。

どうでしょう？　彼らだけではありません。たくさんの人間がいまでも奉仕にあたっています。あなたがそうだったように、それは彼らの進化の一環なのです。それはあなたの学びの一環でした。あなたは数多くの生涯を使用人として過ごしてきました。そこからあなたは学び、ついに「あなたもまた神である」ことを学びました。もう他人の使用人でいる必要はありません。彼らもまた学んでいくでしょうが、現在のところそれは彼らが選んだ道なのです。

マスターは他の人間に自分に奉仕させてあげます。もしかすると、少し奇妙に聞こえるかもしれません。ひょっとすると、古い記憶が蘇《よみがえ》るかもしれません。しかし親愛なる友人たち、立ち止まってそれについて考えてみてください。感じてみてください。エネルギーはあなたに**奉仕したい**のです……。他の人間を通じて、ガイアを通じて、呼吸する空気を通じて。エネルギーは奉仕にあたるために創られました。だからそれが、エネルギーがいま、あなたのためにやりたいことなのです。

では、あなたに提案します。あるいは、挑戦するとさえ言いましょう。エネルギーをあなたに奉仕させ始めてください。そうなっても、驚かないでください。ちょうど良い時にたまたま、ぴったりの人が現れても、びっくりしないでください。ちょうど良い時に、しかるべきアイデアが出てきてもびっくりしないでください。共時性《シンクロニシティ》が、珍しくて異常なことではなく、日常のあたりまえのことになっても、びっくりしないでください。それはたったいま、あなたに起こっています。エネルギーはここにあり、あなたの扉をノックし、あなたに奉仕する準備ができています。

前の質問に戻ります。あなたは何が欲しいですか？　エネルギーが扉をノックしているいま、あなたは何が欲しいですか？　これが、トバイアスが「分離の地点」と呼んでいるものです。あなたは古いセルフから旅立ち、拡張した意識、まったく新しい時代に入ろうとしています。あなたは何が欲しいですか？選択し始めてください。遊び始めてください。それを楽しんで、エネルギーにあなたに奉仕させ始めてください。

本物のマスター、セルフへの気づきを持つ「アイ・アム」のマスターは、実は最善の奉仕を提供していることをあなたは理解するでしょう。いったん自らのマスター性を理解すれば、エネルギーがどう作用するかを理解すれば、使用人にならずに奉仕することができるようになります。まったく違うレベルで他人に奉仕することができるのです。

私はあなた方一人ひとりに奉仕していますし、こうしているのが大好きです。大好きなのは、第一にあなたが私からエネルギーや何であれ、盗むことはないのが分かっているからです。仮に試みても、それはできません。私がこの奉仕が大好きなのは、「アイ・アム」を理解することから楽しみが始まるからです。私は奉仕することができます。私はアジェンダ（課題）を持ちません。すべてが自由に、愛情を込めてなされます。

マスターだけが、本当の奉仕ができます。それ以外の人たちは使用人にすぎません。マスターは奉仕するときに結果を気にしません。それはただ、そうなのです。私は今夜、あなたに奉仕していますが、それをどうするかはあなた次第です。あなたが数日以内に自らのマスターになろうが、マスターにはならないと決めようが、私はそれに関してアジェンダを持っていません。私はアジェンダを持ちません。単にあなたに奉仕することが私にとって光栄なことであり、大きな喜びだというだけです。

何だか逆説的ですね。マスターになれば本当に奉仕することができますが、必要に応じて他のすべてのものにあなたに奉仕させることになるからです。あなたはもはやエネルギーを強要したりエネルギーと格闘する必要はありません。解明しようとする必要もありません。それはただ、そこにあるからです。

マスター性とはシンプルなことです。「アイ・アム」は、シンプルです。「アイ・アム・ザット・アイ・アム」。私は誰からも、何ももらう必要はなく、あらゆるものをシェアし、与えることができる。私は自己充足している。他人から取る必要はない。与える必要はない。しかし私は表現し、シェアできる喜びに満ちた情熱を、確かに持っている。それが、マスター性です。

エネルギーに奉仕してもらう準備はできていますか？　本物のマスターになる準備はできていますか？　ただ、そのことを考えているだけでなく、それをやる覚悟はありますか？　心を開き、エネルギーを表現し、エネルギーと遊び、一緒になる準備はできていますか？　それについて考えるのではなく。

親愛なる友人たち、立ち上がってください。どれほどの生涯を、あなたは他人に腰をかがめ、お辞儀をしてきましたか？

たったいま、ここエジプトで私たちと共にあるのは、古代の者たちのエネルギーです。自分の力でマスターになった人たち、まだ岩に、大地に、大気に閉じ込められ、「新しいエネルギー」のマスターたちがやって来て、こう言うのを待っている人たち。「やっと分かった。ついに理解した」。そうしてあなたはバトンを引き継ぎ、彼らのような古いやり方にはまらずに、あなたの新しいやり方でエネルギーを進化させることができるのです。

どうやってやりますか？　エネルギーと遊び始めてください。エネルギーを動かしてください。エネルギーを体験してください。それくらい、簡単です。

奉仕

マスターだけが、本当に奉仕することができます。それ以外の人たちは使用人にすぎません。本当の奉仕は、マスターにしかできません。それ以外の人は皆、使用人にすぎないのです。あなたはどれだけの生涯を使用人として過ごしてきましたか？　どれだけの生涯で催眠の魔術にかけられ、本当はやりたくないことをやってきましたか？　あなたは誰かの使用人でした。あなたの上司、会社、両親、あなたのアスペクト、宗教、信念の使用人だったかもしれません。あなたは長い間、使用人でした。

使用人はアジェンダ（課題）を持っています。彼らはお金や安心感のような何かが欲しいか、または自らの「アイ・アム」を理解できなくさせる信念体系のようなものを持っているかのどちらかです。世の中を見てください。どんな都市でも。あなたの友人を、家族を見てください。彼らの大半は使用人です。あなたも同様に使用人の椅子に長いこと座ってきましたが、それはあまり素敵な椅子ではありません。

マスターは自らの「アイ・アム」性を理解しています。自分もまた神であり、すべてが、あらゆるものが内側から来るものだということを。本物のマスターは、外側のものは**何ひとつ**必要ありませんが、外側のエネルギーのすべてと遊ぶことができます。そのすべてを楽しむことができます。しかし、アジェンダ、欠乏、欲求が、まったくありません。したがって彼らは、目覚め始めた人間に、ただそれについて話しているだけではなく、本当に変化を起こしたい人間に奉仕することができるのです。

奉仕するマスターはまったくアジェンダを持たないので、思いやりに満ちた最善の奉仕を提供することができます。奉仕することで良い気分になる必要はありません。奉仕することで自分には価値があると感じる必要はありません。それは彼らにただ、喜びを与えます。それはマスターに、自らの旅を、その山や谷、試練を思い出させます。神の別の部分が進化し、拡張し、喜びを発見し、自らを発見するのを知っているので、奉仕にあたることはマスターに大きな喜びを与えます。

あなた方の多くが他人を助けようとして、奴隷状態にありました。そこに何かアジェンダを混ぜ合わせ、他人の前で四つん這いになり、腰をかがめていれば、どうにかネバーランド、天国への道が手に入るのではないかと感じていたわけです。いま私がこれを持ち出したのはなぜかといえば、確かにあなたはマスター性に入りつつあるからです。

あなたは「無の地点」のゾーンから抜け出し、マスター性に入ろうとしています。私が見るところ、あなたが他人に与えていく最大の贈り物は、本物の思いやりに溢れた、アジェンダのない奉仕です。そのためにあなたはこの生涯にやって来るのを選びました。そのためにあなたは数々の試練や困難にもかかわらず、この生涯に**とどまる**ことを選んだのです。それが、あなたが残りの生涯でやっていくことです。すなわち、奉仕するマスターです。そしてただ喜びのうちにあるマスターです。最後に本当に人生を楽しんだのはいつでしたか？　人生に苦闘するだけでなく、実際に**楽しんだ**のはいつですか？

マスターは自らの「セルフ」と協調します。両者は統合されます。完全です。それはエネルギーの応じ方を変えます。努力がなくなります。誇張ではありませんよ。人生は努力がなくなり、流れます。そうなるものなのです。苦労やレッスンという概念そのものがとても古いのです。もうそれは必要ありません。

現在、何百というアセンションしたマスターたちが、地球上に肉体を持って戻っています。彼らはトバイアスが二〇〇九年七月に転生して以降、やって来ています。まったくの奉仕として、また楽しいバケーションを過ごすように、ここに来ています。ただ、ここに来たかったからです。彼らは他の人間に奉仕するために来ていますが、あなた方の多くと一緒にワークしていくでしょう。アセンションしたマスターたちは、転生しているマスターたち、あなた方と一緒に過ごすために戻って来ました。

あなたは何年も何年も、解放《リリース》をくぐり抜けてきました。自分はここにいたいのか、そうではないのかと自問し、それに取り組みました。塞がれ、行き詰まった古いエネルギーを解き放つ選択をしました。この地球にとどまる選択をしました。私の教室に来る選択をしました。次のステップはマスター性です。「アイ・アム」です。

マスター性

マスター性に関して、いくつかとても重要なことを話します。第一に、それは実にシンプルです。**あまりにも**シンプルなので、最終的に理解したときは自分自身に本当にいら立ちを覚えるでしょう。まず、旅をそこまで難しくしたことで、自分に対して怒りを感じます。それから自分を笑います。そして、自分がどのように人生のあらゆるものを創造してきたのか、そこにある美しさに気づくでしょう。しかし無意識に創造するような古いやり方にはもう戻らないぞ、とあなたは自分に言い聞かせるでしょう。あなたは**意識的で**、**活気に溢れ**、**愛情に満ち**、**統合された**創造者になります。

それは、まったく信じられないほどシンプルです。あなたが学ぶ必要はありません。祈ったり、瞑想する必要はありません。祈りは使用人のためのものです。彼らはどこかの未知の神に仕えています。どこかの高位の権力に仕えています。彼らは自分の外側のあらゆるものに仕えていますが、それはそれでよいのです。それは「故郷」へ、「セルフ」へ戻る道の一つにすぎません。しかしあなたはあなた自身、知りたくもないほど数多くの生涯で四つん這いになってきました。だからあなたはそこを超え、マスター性へ、「アイ・アム・ザット・アイ・アム」へ入っていきます。

それは呼吸と同じくらいシンプルです。深呼吸をしてください。呼吸は肉体の現実に生命をもたらします。呼吸はすべて愛である「スピリット」を、「スピリット」であるあなたを思い出させます。呼吸は「意識のボディ」に、あなたが人生を選択していることを伝えます。呼吸はエネルギーを招き入れ、あなたに奉仕させます。あなたがジレンマを感じるとき、何らかのドラマに入り込んでいるとき、試練のうちにあるときは、いつでも深い呼吸を取り込んでください。

トーニングは呼吸を表現したものです。前に触れましたが、あなた方の多くが表現を抑えつけています。自制しています。本当のあなたを見られるのを怖れ、間違ったやり方で表現してしまうのを怖れています。あなたには、表現してはいけないと言われてきた何層もの生涯があります。あなたは自らを抑圧してきました。トーニングは「アイ・アム」の表現をこの現実にもたらします。それにより、あらゆるエネルギーと素粒子がスーパーチャージされて、あなたに奉仕するために引き寄せられてくるのです。

マスターであること

マスターはこうしたエネルギーを身体に入れてあげ、状況に応じて身体に命じます。ある時点まで来ると、定期的な調律や調整以外には、実際、もうトーニングする理由さえなくなります。トーンは、いつもそこにあるからです。トーンは持続します。練習は続けた方がよいでしょう。その内なるトーンが常にそこにあるのを本当に感じるようになってからも、数週間ごとにトーニングし直し、バランスを取り戻し、調律し直すとよいかもしれません。

マスターは状況に応じて不純物や病気など、あなたの旅にいらないものを除去するために、身体の中のエネルギーに奉仕するよう命じます。マスターは、そのエネルギーを常に身体の中に保持しています。

内側の「アイ・アム」性を知ると、それを感じられるようになります。あなたは身体の中、姿勢に、違いを感じます。(アダマスがうなだれて)こういう感じではなく、再び自分が開いているのを感じます。(真っすぐに立って)あなたの姿勢に表れます。話し方に表れます。肉体のグレース(恩寵)をどう保持するかに表れます。恥ずかしがったり、気後れするのではなく、オープンなフィーリングを持ちます。あなたはもはや、エネルギーと他人を怖れることはありません。

あなた方の中で、今日、市場(脚注:エジプトの市場のこと)までチャレンジ・ウォークした人たちがいます。あなたは通路の真ん中を歩いていきました。たくさんの露店が出ている、その真ん中を歩いていきましたが、そこで何が起こったでしょう? モーゼのように、露店の海が割れたのです。あなたは、ぶつからずにすみました。避けて通る必要はありませんでした。あなたが身体に「マスター性」を保持していたので、人々は脇へ退いたのです。なぜなら、彼らの中の神が、あなたの中の神が、今日はショッピングの気分ではないのを理解したからです。

「アイ・アム」が肉体の中で活気づけば、あなたは違う振る舞いをするようになりますし、他人はそれに気づきます。彼らは尊敬の念を込めて、感嘆して応えます。もうあなたからエネルギー的な糧を得たり、盗むことはできないと理解するのです。あなたは長いこと、あなたのエネルギーの木から彼らにフルーツをもぎ取らせてきましたが、これからは彼らは脇に退きます。

「意識のボディ」の「アイ・アム」が開花すれば、あなたはもっと生き生きして、健康的で、活気に溢れ、表現豊かになります。それは夢も含めたあなたのあらゆる部分に影響を与えます。あなたが書くものにも影響を与えます。ものを書いても、なかなか主題まで辿り着けない、どうも集中できないという人が、ここにはどれくらいいますか？　マスター性を持てば、書くものが変わります。文章は明確で簡潔になり、それを読む人は言葉だけでなく、エネルギーにも影響を受けます。あなたの音楽も変わります。詩が変わります。そこには明確さ《クラリティ》、エネルギー、マスター性が含まれるでしょう。あなたが取り組む必要さえありません。それはただ、起きるのです。

すべき**でない**ことを、いくつか注意喚起しておきます。マスター性においては、太陽の熱を変えるようなことはしません。地平線にある雷雨を変えようとはしません。それが自然のサイクルの一部であることを、思いやりと理解を持って知っているからです。しかし**自身に**命じることで、**自らの**エネルギーに命じることで、あなたは熱、太陽、雨に完全に適応するのです。

あなたがマスターであれば、他人に命じることはありません。あなたはエネルギーだけに命じます(command)。他人にお金を渡すように命じたり、何か特別な頼み事を命じたりはしません。しかしあなたは自分自身を指揮する（in command）ことができるので、どういうわけか彼らはあなたに奉仕すべく、ただ自然とそこにいたいと思います。言い換えれば、すべてが優雅な共時性のうちに起こります。うまく収まるわけです。

あなたがマスターであれば、何か音を聞くときに周囲の騒音を心理的に押しのける必要はありません。あなたは自分が聞きたいことを聞けるように、自らのセルフを指揮する（command）からです。あなたの意志を他人に押しつける必要はありません。周囲の世界を変える必要はありません。あなたは「意識のボディ」の中で自らの存在を指揮しているからです。

あなたがマスターであれば、あなたはあなた自身に命じます。あなたの眠りに命じます。マスターとして、あなたはいつ眠るべきかを身体に命じます。どのような眠りであるべきか、深い眠りなのか、強烈な夢を見ている状態なのか、肉体を若返らせるものなのか。あなたは身体に命じます。するとすぐに、七、八、九時間の睡眠という概念は必要ないのが分かります。ただし、あなたがそのように命じれば別ですが。

マスターであるあなたは、何日も眠らずにいてもエネルギーに溢れたままでいることができます。その後、とても深い冬眠（休止状態）に入ります。夢見の状態の眠りとは違う、冬眠の眠りというのがあります。あなた方の多くは夢見の状態の眠りにどっぷり浸かっています。それは、とても活動的で強烈な眠りですが、冬眠のことをあなたは忘れてしまいました。つまり、活性化のために自身の内部の繭に入ることです。本物のマスターは、このような眠りの状態を命じることができるのを理解しています。

あなたはすべてのアスペクトに、あなたの人生に、どう命じればよいか、そのコツが掴めるようになるでしょう。あなたはこれまでは足を引っ張っていたのですが、生物としての身体があなたに奉仕したがっているのを理解するでしょう。マインドが歪曲され、操作され、感情に満ちているのを理解することでしょう。マインドは感情に対処するために作られたわけではないのですが、人間はマインドに感情を設置しました。

マスターはマインドに、元々の役割を果たすよう命じます。つまり、この現実であなたを舵取りして手助けをすることです。マインドは人間の旅の構造の部分で、あなたを手助けするために作られました。感情の部分ではありません。ドラマチックにならずに感情的になるよう、あなたは自らに命じることができます。あなたのエネルギーに、敏感になる必要があるとき、敏感になるよう命じることができます。エネルギーを感じたいときに、フィーリング、知覚を感じるように命じることができます。

親愛なる友人たち、私たちはマスターとして生きながら、もはやそのことを考えることなく、学ぶことなく、実際に自分のためにやっていくのです。

身体の活性化

身体には、癒し、バランスを取り戻し、活性化する力が内在しています。身体は外部からの治療、医薬、セラピーを使わずに癒し、修復することができます。身体は非常に高性能なコミュニケーション・システムを備えていて、身体の一部分がバランスを崩していると分かります。また、バランスを取り戻すために適切なエネルギーを送り出す方法を知っています。しかし人間は自分の身体とコミュニケーションを取るのをやめ、身体への信頼を失くしてしまいました。その上、ほとんどの人は自分の身体に起きていることに対して責任を取りません。それどころか、医者やヒーラーをあてにします。自分以外のものに頼っています。

トバイアスと私が教えた「スタンダード・テクノロジー」のコースでは、身体の内側にある強力な活性化のネットワークについて、詳しく述べています。それは部分的に電気的で、部分的に電磁的ですが、あなたの意識にとても関連しています。身体は自らと絶えずコミュニケーションを取りながら、エネルギーをチェックしバランスを取っています。しかしあなたが身体への信頼を失くすと、あなたが主権を持つ存在でなくなると、そうしたコミュニケーション・システムは部分的に閉鎖します。

それはあなたにとても明確なシグナルを送り出します。つまりどこかが痛み出します。どこかが病気になります。時々、なかなか治らない長期間にわたる風邪やインフルエンザがシグナルで出る場合がありまナ。たまに風邪をひくとか、インフルエンザにかかるのは身体の浄化や清浄には最適ですが、もしも一週間以上続くなら、それは少し信頼を構築する時期だよと、あなたに向けて身体が送り出している合図なのです。

あなたはただの肉体ではありません。あなたの周囲にはエネルギーのボディ（体）があります。エネルギーのボディは別の領域に存在しており、それらは皆、繋がり合っています。しかし、繋がりが遮断され、孤立し、過剰に物理的な医療を施されるとバランスが崩れてしまうのです。

たったいま、やってみましょう。深呼吸をしてください……

……あなたの「意識のボディ」に、それはあなたのすべてですが、「アイ・アム」を感じさせてください。

「アイ・アム・ザット・アイ・アム（我は我たるもの）」。言い換えれば、自分は家にいるのだと言っていることになります。自分の身体に、マインドに、スピリットに、「アイ・アム」に責任を持つのだと言っていることになります。差しあたっては、あなたは責任を持ちます。

これが、あなたのあらゆる部分に向けて、とても美しいシグナルを送ります。あなたが生きていて、あなたがここにいて、あなたが人生を選択していると伝えているのです。

「アイ・アム」を、「アイ・アム」の真の本質を表現することで、あなたの肉体とエネルギーのボディ全体へと共鳴します。

「アイ・アム」をとても明確に受け入れることで、あなたのあらゆる部分にエネルギーの波を次から次に送り出します。

この美しい瞬間に、「意識のボディ」が自らバランスを取り戻すのを信頼してみてください。身体は日常生活で蓄積された不純物をどうすれば浄化できるか知っています。身体はあなたのＤＮＡ、細胞、器官のように、あらゆるレベルでエネルギーをどうやってシフトし、動かせばよいかを知っています。

あなたの肉体を愛し、信頼してください。それは奉仕するためにあります。身体は健康でバランスが取れているのが自然な状態です。その自然な状態へ戻してあげてください。

バランスを取り戻し、活性化する許可を自らに与えてください。

内側深くにある、この小さなエネルギーの鼓動をすべて、自然な状態に戻させてください。それは何をすればよいか知っています。**あなたは**何をすればよいか知っています。

呼吸しながら、身体が活性化し、息を吹き返し、あなたの最高の可能性に奉仕するのを許容してください。

身体は、少し、古い毒素を解放するでしょう。多少のシフトを経ていくため、一時的に不愉快に感じるかもしれませんが、最終的には身体の毒素を解放し、活性化してくれます。それはシンプルです。すごいことです。

深呼吸をしてください。身体に、自然に浄化させ、活性化させ、バランスを取ってもらってください。

Becoming a Multidimensional Human

第6章　多次元の人間になる

大前提として、圧倒的多数の人間は、実に平坦な人生を送っています。彼らはごく小さな基準点の内側に存在し、本当に起きていることにほとんど気づいていません。多次元の生き方を本当に体験している人は、ごくわずかなのです。

多次元の生き方をすれば、この現実にしっかりと存在することができます。ここで「いま」に存在することが重要なのです。この「いま」の瞬間から、あなたの意識、気づきを別の領域に拡張させることができるからです。たったいま、この部屋には私たちと共に他の存在たちがいることにも気づかせてくれます。

あなたは、この概念は理解しているかもしれませんが、たったいま、あなたのそばで空中を漂っている他の存在たちを本当に**感じる**ことができますか？　現に、あなたに向けてエネルギーを放射している者がいます。また、死ん《クロスオーバー》で間もない者もいますが、彼らは私たちが存在たちについて話し合っていることに驚きを隠せずにいます。彼らはこのギャザリング（集会）に参加しています。当然ながら、無料で。私を手伝っている存在たちも、ここにはいます。そんなものに気づきを持てるなんて、すごいことです。

多次元の気づきにより、あなたはガイアのエネルギーを感じることができます。ガイアは生きた存在であり、ただの土や水ではありません。来るべき世紀に彼女のエネルギーが旅立つ時、ガイアは地球の守護者、管理者としての役割を人間に手渡します。知っていようがいまいが、あなたはその新しい責任を引き受けていく一人なのです。

あなたは時間を超えた現実に気づきを持ち、あなたの未来の可能性《ポテンシャル》に、公然と自由に拡張する能力を備えています。あなたの可能性には何がありますか？　明日は、どうなりますか？　今から数カ月後はどうでしょう？　たったいま、別の領域であなたはこの地球に持って来ることができる、どんなことに取り組んでいますか？

多次元の気づきがあれば、過去に、昨日に入ることができます。何年も前に起きた、あのトラウマを残すような出来事で、本当は何が起こっていたのかを発見することができるのです。こんなことがあったとあなたが**思っている**ものだけではありません。拡張して過去に入り、あなたがこんなことがあったと思っているのと同じくらいリアルな別の可能性を見ることができます。どうやって、そしてなぜ、あなたは特定の選択をして、他の可能性を体験することを選択しなかったのかが理解できます。

多次元へ拡張する自由を自らに与えてあげれば、創造の別の部分に、すなわちクリスタルの領域、天界の領域、「地球に近い領域」のような場所に本当に旅立つことができるようになります。遥か彼方の、人間に類似した生物がいる次元に気づきを拡張することもできるのです。

多次元の気づきは、ごく自然なこと

多次元の気づきは自然な在り方です。地球に来る前に、あなたはその気づきを持っていました。当時はもっとずっと簡単でした。大衆意識の覆い《オーバーレイ》はなく、地球上で肉体の現実を何度となく繰り返していたわけではなかったからです。しかし、それが自然な在り方なのです。天使の当然の権利として、あなたは同時に一つ以上の次元に気づいていられる能力を備えています。しかし肉体を持ち、多数の生涯を体験することで、多次元の気づきが遮断されてしまいました。

それは幾分、意図的なものでした。計画的でした。地球でのレムリア時代を含めたあなた方の初期の生涯では、天使としてのエネルギーを肉体の現実に入れることにフォーカスしたいという強い欲求がありました。しかしそれは非常に困難でした。あなたはあなたのエッセンスを肉体の現実にフォーカスし、維持しようと、身体の中に体現しようと、懸命に頑張りました。当時、レムリア時代には、肉体から簡単に滑り落ちてしまうことがよくありました。その結果、身体は死んでしまいました。天使の存在にとって、この惑星の厳しい肉体の現実に降りてくるのは、とても困難だったのです。しかし、懸命な努力と固い決意により、あなたは地球の不自然な密度と制限の中に参入する術を学びました。

あなたは目指したことを達成しましたが、いま一巡して、もとに戻ってきました。あなたは身体に激しくフォーカスし、身体を維持していく術を学びましたが、いまとなっては、どうやって常にあなたのものだったものに開いていけばよいのでしょう？　身体の中にとどまったまま、どうやって別の次元に拡張すればよいのでしょうか？

次元、意識、エネルギー

次元とは何でしょう。次元とは、意識の粒子です。次元は場所ではありません。あなたがそのように創造しない限り、時間や空間を占有しません。(空を指して)「向こう」にあるわけではありません。次元とは意識の粒子です。次元はあなたのような魂を持つ存在だけにしか、創造することはできません。

次元は、まさにあなたがエネルギーを含まないのと同じように、エネルギーを含んでいません。どの次元であっても、その核《コア》の部分にはエネルギーはありませんが、次元は意識なので、奉仕するエネルギーを「フィールド(場)」から引き寄せます。エネルギーは形状、深み、時間、流れ、振動、色、効力のように、どんな特性であっても、要請されれば、こうした幻想を与えることで意識の欲求を満たすべく奉仕します。

エネルギーはどこから来るのでしょう? 純粋なエネルギーは中立《ニュートラル》な状態で存在しています。純粋なエネルギーには正電荷も負電荷もありません。それは振動しません。純粋で、中立の状態です。科学者が見ることができず、数学者が理解できないのはそれが理由です。彼らは実体のあるものを探していますが、純粋なエネルギーは実は中立なのです。

意識が次元を創造する際には、現実化のためのエネルギーが必要です。エネルギーが中立のフィールドから招集されると、振動の電荷が生み出されます。それは正電荷と負電荷の混合物に形を変えますが、正と負の比率はエネルギーが奉仕する次元の必要条件によって決まります。

そもそも、エネルギーはどこから来たのでしょうか? 良い質問です。「故郷」すなわち、「スピリットのワンネス」、源《ソース》、永遠の愛《エターナル・ラブ》を出た瞬間、あなたは「故郷」へ戻りたいという、途方もない、抗しがたい

恐縮ですが切手をお貼りください

郵便はがき

101-0051

東京都千代田区神田神保町3-2
高橋ビル2階

株式会社 ナチュラルスピリット

愛読者カード係 行

フリガナ		性別
お名前		男・女

年齢	歳	ご職業	
ご住所	〒		
電話			
FAX			
E-mail			
お買上書店	都道府県	市区郡	書店

ご愛読者カード

ご購読ありがとうございました。このカードは今後の参考にさせていただきたいと思いますので、
アンケートにご記入のうえ、お送りくださいますようお願いいたします。

小社では、メールマガジン「ナチュラルスピリット通信」（無料）を発行しています。
ご登録は、小社ホームページよりお願いします。**https://www.naturalspirit.co.jp/**
最新の情報を配信しておりますので、ぜひご利用下さい。

●お買い上げいただいた本のタイトル

●この本をどこでお知りになりましたか。

1. 書店で見て
2. 知人の紹介
3. 新聞・雑誌広告で見て
4. DM
5. その他（　　　　　　　　　　　　　　　　　　）

●ご購読の動機

●この本をお読みになってのご感想をお聞かせください。

●今後どのような本の出版を希望されますか？

購入申込書

本と郵便振替用紙をお送りしますので到着しだいお振込みください（送料をご負担いただきます）

書　籍　名	冊数
	冊
	冊

●弊社からのDMを送らせていただく場合がありますがよろしいでしょうか？

□はい　□いいえ

魂の欲求を抱きました。その欲求があまりにも激しかったために、いわゆるエネルギーが創られたのです。それは「天使の涙」としても知られています。

例えるなら、それは天使たちを「故郷」へ連れ帰る「スター・ボート」の燃料でした。しかし「スター・ボート」は実は「故郷」へ行くわけではありません。「スター・ボート」はあなたの「第三のサークル」へ、あなたの主権性、アセンションへ向かいます。「故郷」に戻ろうとしても、見つけることは決してできません。それは、以前とは違うものだからです。

実際には、これは意識が次元に形態をもたらすための物質であり、それをエネルギーと呼んでいるのです。

次元は意識の粒子であり、いつでも創造者である存在が創造し、破壊することができます。たったいま、あなたは次元を創造することができますし、創造したものをどれくらいの時間でも存続させることができます。ちなみにあなた方は時間と呼びますが、私たちはそれを展開、ないしは体験の進化と呼んでいます。そしていつでも、創造から失くすことができます。あなたは意識的にしろ、無意識的にしろ、いつでもこれをやっています。

このワークショップの始まりに、呼吸をして「安全な空間」を創造してくださいと私たちは言いました。この意識的な選択が肉体の次元の内側に、文字通り新しい次元を、非物質次元を創造しました。ホテルの部屋の内側に私たちは新しい次元を創造したのです。毎朝、扉を通り抜けるとき、あなたは初日に入った同じホテルの会議室に入るわけではありません。扉は同じ場所にあるように見えますし、物理的なその部屋は同じに見えますが、もはやそのホールに入ることにはなりません。あなた方は自分たちのために新しい次元、安全な空間を創造しました。同時に、この新しい次元は天界の領域にある教室に直接結び付いていて、そこでも私たちはこのクラスを行っています。どうでしょう。あなたはとても多次元な存在ですが、自分の周りのあちこちで、どれくらいのことが起きているか気づいていなかっただけなのです！

今度、扉を抜けて会議室に入るときは、注意してみてください。「う～ん、何かが少し違うぞ」。そうですね、それは違う次元です。初日に入った物理的なホールの次元と交差し、共存しています。私の話を聞いて完全に混乱してしまったなら、深呼吸をして、ただ、それを感じてください。

これは一つの次元です。あなたが自分に奉仕させるために創造しました。この次元は「フィールド」もしくは「大いなる可能性」からそこに、そしてあなたに奉仕させるために、エネルギーを呼び込みました。さらにあなたは、とても個人的なレベルで求めていた変容を促進するためのエネルギーも取り込みました。自分のための、そして他の人たちのためのヒーリングや施術のエネルギーを、たくさん取り込みました。そのエネルギーは、この部屋中に飛び交っています。

これは一つの次元です。意識のたくさんの粒子です……あなたのものです。この「インターディメンショナル・リビング（多次元間に生きる）・ワークショップ」と呼ばれる次元は、時間と空間を介して延々と存続させることができますし、数日後、数カ月後、数年後に壊すこともできます。あなた次第です。あなたが壊しても、それが存在しなくなっても、この次元の記録は永遠に存続します。それは全宇宙の図書館に書かれています。必ずしも「アカシック・レコード」というわけではなく、すべての「創造」のコードの一部になります。その記憶は存続します。

次元は必ずしも、互いに積み重なっているわけではありません。次元には階層があるという誤解が、

「ニュー・エイジ」の人たちの間に共通して見られます。一次元、二次元、三次元、四次元のように。中には、二十八次元に行くとか、三百十二次元にいる天使が訪れたというようなことを言うスピリチュアル・グループもいます。そのように機能するわけではありません。

次元には階層はありません。確かに、意識には階層はありません。他と比べて、よりオープンなものや、より活動的な意識はありますが、他より良い意識というものはありません。狭い意識でさえ、本当はまったく狭いとはいえません。単に、自らをとても「フォーカスした」やり方で体験しているにすぎません。

次元はあらゆる種類の形状で現れるため、まったくの混沌のように見えますが、そうではありません。次元が円形、四角形、三角形の場合があります。点や線だったり、音や色の場合もあります。ミクロ（極小）やマクロ（大規模）の場合もあります。真空もあれば、満杯なものもあります。数学、幾何学、光で測定できる次元はありますが、ほとんどは測定できません。ほとんどの次元はルールに従いません。というのは、その唯一の目的は、在ることだからです。ルールに従っているのは地球の次元のような、ごく少数の次元だけです。

マスターとしてあなたが意識を別の次元に拡張したときに混沌に遭遇したら、十分に深く呼吸して、それは混沌ではないことを理解してください。古いエネルギーの定義を超えてください。混沌に見えるところを泳いでみてください。すると不意に、すべての創造の美を目にするでしょう。あなたは何かを癒そうとするのをやめるでしょう。自分を癒そうとすることさえ、やめるでしょう。すると、すべての事物の完璧さに気づくのです。

混沌に見えるものは、アーティストのパレットにある色彩です。これらはさまざまなハーモニー、振動、トーン、そして創造を体験するための複合的な方法です。悪はありませんでした。悪魔はいません。神の対照《アンチテーゼ》はありません。すべてが、ただの体験にすぎないのです。

別の次元を体験するやり方は、最終的にはとてもシンプルなものになります。私にでも、悟りを得て壮大なアセンションをした優れた他のマスターにでも、異を唱えるのは構いませんが、結局は、ひとつのものに行き着きます。すなわち選択です。あなたは創造をどのように体験することを選びますか?

次元について、さらに

次元は必ずしも、単一ではありません。別の言い方をすれば、この安全な空間に、このギャザリングのためにあなたがここに創造した次元があります。ギャザリングの最中でさえ、奉仕するエネルギーを呼び込みながら、この次元は拡張しています。あなたの意識が拡張したというのもあります。けれど、直線的な意味で考えないでください。つまり、より大きくなっているということではありません。そこにはさらなる深みもあります。それは大きくなりながら、小さくなります。浅くなりながら、深くなります。

この数日間であなたが何かに思いを巡らせるたびに、意識という点から、また利用可能なエネルギーの点からも、この次元の性質が変化しました。私が質問をしてあなたが答えるたびに、この次元が変化しました。意識は次元を創造し、変化させます。そうすることで、エネルギーのインプットが変わるのです。

同じ原理をあなたの人生に、それもある意味で一つの次元ですが、あなたの魂の存在全体、それも次元ですが、あてはめてみてください。とりわけ、このギャザリング全体に織り込まれていた、うるさいくらい頭から離れない質問に。「あなたの監獄は何ですか?」。そして、「いま、そこから出ていくのをあなたは選択しますか?」

あなたの答えは、あなたの次元の外観全体を変える可能性を秘めています。言い換えれば、それは固定されていません。定められていません。運命づけられてはいません。あなたがそうしない限りは。運命や宿命など、ありません。すべてが適応性を持っています。意識が変わると、次元が変わります。次元が変わると、エネルギーが変わります。

あなたの監獄は何ですか? 四語かそれ以下で、答えを書き留めてください。あなたの監獄は何ですか? あなたを押しとどめているものは何ですか? あなたが欲しいものを遠ざけているものは何ですか? 何が欲しいのか、あなたは本当に分かっていますか? 明確さ《クラリティ》が、エネルギーが次元に奉仕する方法を変えるのです。あなたがクリアでなければ、私が「あなたの監獄は何ですか?」と言ったときにあなたがメンタルな答えのページを漫然とめくり続けていれば、エネルギーは入って来て、それに見合った奉仕をします。エネルギーは漫然として、とりとめがなく、どっちつかずになるでしょう。

あなたがクリアなときは、エネルギーもクリアです。意識がどのようにあなたのさまざまな次元を、つまりあなたの次元の内部にある監獄、次元の内部にある数々の可能性を創造しているかを理解すれば、あなたはとても滑らかに、優雅なやり方でエネルギーと取り組むことができるようになります。肉体の現実で活動するのがずっと簡単になるのが分かります。前ほど疲れなくなります。メンタルになりすぎません。この直感というものが、ずっと簡単に働くようになります。明確さがあれば、何もミステリーではなくなります。

人間のマインドは矛盾しています。それは秩序と構造を望みますが、同時に複雑さも大好きです。マインドはなぜ複雑さが好きかというと、探求を続けていられるからです。マインドは答えを探すようにプログラムされましたが、複雑さがそのすべてを可能にしてくれるわけです。

本物の明確さ、あなたが欲しいものを完全に明確にする能力は、あなたの「意識のボディ」から、あなたの全体性から出てきます。ワークショップで私は皆さんによく、あなたが欲しいものは何かと尋ねます。でも一枚の紙に簡潔な言葉でそれを書くことができて、書いたものを見て恋に落ちる人は、ほとんどいません。多くはまだ、マインドから来ています。多くは美辞麗句ばかりで、いわゆる空想的なものもあります。それはあなたが好きだと**思っている**ものですが、しかし、あなたが**本当に**欲しいものは何ですか？欲しいものを明確にすれば、あなたはそれを手に入れられるのです。

次元は単一ではありません。言い換えれば、次元は一緒に流れることがあります。私たちがギャザリングで創造した次元は、この部屋の物理的な次元と共存しています。それはあなたがここに着く前にあった別の次元とも共存しています。初日には、それらの別の次元の方がより顕著でした。いまでは、ここに来て数日が経ち、**この次元**が最前線に来ていますが、別の次元はいまでも交差しています。

次元は一緒になり、ちょっとした旅に出ることがあります。ちょうど二本の幹線道路が合流して一本になるのに似ています。次元はその途中に別の次元を引き寄せます。一緒になってダンスを踊り、また分かれることもあります。しかし究極には、次元はあなたの意識の粒子から創造されるので、いつでも自分のもとにその次元を呼び戻し、単一にすることができます。別のさまざまな次元からあなたの意識を引き出すこともできます。

実はあなたは「第三のサークル」に行くときや、アセンションの状態に入るときにこれをやります。文字通り、あなたの意識のすべてを自分のもとに呼び戻しているのです。それを統合し、「意識のボディ」に入れてアセンションへと一緒に持っていくわけです。あなたは、あなたの体験と意識のすべてを一緒に持っていき、印、あるいは記憶だけを置き去りにします。

次元のもう一つの重要な性質は、どの次元にも正面玄関と裏口があることです。例外はあります。「故郷」の次元です。それを次元と呼べるかどうかは異論がありますが。すべてであったもの（All That Was)、神(Godhead 脚注：通常はキリスト教の三位一体の神を指す)、スピリット、永遠なる一（Eternal One）など、どんな名で呼んでも構いませんが、そこには正面玄関しかありませんでした。一方向です。出口です。中に戻ることはできません。出口専用です。なぜなら「スピリット」の壮大な叡智は、あなたが「故郷」に何とかして戻ろうとするのを知っていたからです。こう言いました。「鳥かごから出ていき、戻らないように」。戻れば、その趣旨が台なしになるからです。そういうわけで「故郷」には一方向の扉しかありませんが、他の次元にはすべて正面玄関と裏口があります。

どういう意味でしょう？　なぜ、それが重要なのでしょう？　次元間トラベルをするときには、あなたは正面玄関から入って、裏口から出ていきます。それをどのようにあてはめるのでしょうか？　宇宙の反対側に行きたければ、小型の金属の宇宙船に乗って何百万光年も旅をする必要はありません。あなたはいわば、次元間をすり抜けるのです。正面玄関から裏口へ。そして深呼吸をし、選択をし、自分自身を信頼することで別の時間、別の場所に行くことができるのです。

多くの場合、あなたは深呼吸をし、選択をし、それからこう言います。「でも確信が持てない」。それが、ブレーキをかけるのです。深呼吸をし、選択をし、文字通りこれらの次元の正面玄関に飛び込み、裏口から出ていきます。時間をさかのぼることもできます。より具体的に言いましょう。あなたは可能性をさかのぼることができます。一連の体験をさかのぼることができます。あなたに時間の概念を変えてもらいたいと思います。別の領域では、私たちは時間を使いません。私たちは実際には、体験の螺旋《らせん》の進化を使って拡張を測定します。あるいは、それを意識の拡張と呼んでもいいでしょう。

次元を旅し、横断するときは、ある一点から次の点まで瞬時に行くことができます。そこは時間と空間を超越しているからです。一つの点から次の点、また次へと、あなたが選ぶ速さで飛び越えることができます。時々、次元の出入り口を通り抜けていると、わずかに休止するように感じることがあります。まるで動いていないかのように思えますが、実はあなたは動いています。何をしているかといえば、「意識のボディ」がついて来ることができるよう、素早く調整しているのです。これは次元間トラベルでは重要なポイントです。

次元間トラベルは、これまでのものとは違います。意識が違うからです。あなた方の中には体外離脱《アストラル・プロジェクション》をやり、曲がりなりにも、部屋の中での空中浮遊に成功した人たちがいます。中には、別の領域に行ってから完全に困惑した人もいます。何かを見たときに、それをメンタルで理解するのをあなたは期待していたからです。中には実際に素晴らしい体験をした人もいますが、その気づきを持ち帰ることができませんでした。この次元に戻る時に、ろ過されてしまったからです。

次元間トラベルをするには、「いま」の瞬間から拡張します。これは発射台ですが、実際には拡張台です。身体を離れることではありません。身体を離れているように感じるときもありますが、選択をすれば、そうはなりません。時には方向感覚がなくなったり、目眩を覚えたり、不快に感じることがあるかもしれません。それは単にあなたが通常の構造を超えて拡張しているからです。あなたは次元間トラベルに慣れていくでしょうし、そのうち吐き気もおさまるでしょう。

別の領域に拡張するときは、ただ単にスピリットやマインドを送り出すわけではありません。あなたはあなたの「意識のボディ」を連れていきます。過去に次元間トラベルを試みた人たちは、身体の本質《エッセンス》を置き去りにしました。身体は旅の邪魔になるという思い込みがあったからです。自分の人間性は向こう側にはなじまないと信じていたからです。しかし、意識は変わりました。いま、あなたはあなたのすべてを別の領域に持っていきます。

次元は交差します。互いにジグザグに走り抜けています。ここで出てきた質問に答えます。次元は数学的なものですか？　数学は次元を創造しますか？　いいえ。次元の中には数学や神聖幾何学で**定義できる**ものもあります。数学という観点から見ると、まったく驚異的で特異な性質を備えた次元はあります。現代数学は素晴らしいですが、まだとても制限されています。把握できるものしか、定義しないからです。定義できるものを超えるのは、まだ定義されていないものです。それは誰かがこう言うのを、すぐそこで待っています。「ああ、まだ定義されていなかった可能性（潜在性）だ」。中立の状態にあるエネルギーでまだ活性化されていないものが、すぐそこにあります。まだ引き出されていない可能性、あなたに奉仕すべく、ただ待っているのに気づかれないままのエネルギーが、たったいま、あなたの周囲の至るところにあります。だからこそ、明確さと選択が重要なのです。

数の「０（ゼロ）」が認知されたのは、つい最近なのをご存じですか？　ゼロが、「無」が数値であるというのは驚異的な新事実でした。歴史的に見ても、ごく最近のことです。ゼロのない現代生活がどんなものになるかを想像してみてください。現代のようにはならなかったでしょう。ゼロがなければ、コンピューターはなかったでしょうから。

それから、負数および正数があるという新事実が出てきました。これも比較的、最近の発見です。ほとんどの数学者は上位の四、下位の四、横向きの四、未来の可能性の四、そして他のすべての数字と交差しようとする、別の領域にある（複数の）四のことを知りません。知らないことはたくさんあります！

次元間トラベルでは、これらの出入り口をあなたが飛び越え、通り抜けているところを想像する必要はありません。光速を超えて、辿り着くとすぐに扉が開くのを、あなたは察知するでしょう。そして次の扉、また次の扉と、あなたのために扉が開きます。別の次元への通路はあなたのために、あなたが、整えています。そこに行けば、頭をかきむしり、ＧＰＳ（全地球測位網）や地図を探して自分がどこにいるのか解明しようとする必要はありません。あなたの選択、現在いる次元の安全性、どこかに行きたいという欲求があなたをそこに連れていくからです。あなたが自らのガイドになるのです。

さて、仮にあなたが「私は次元間トラベルに出かけるが、どこに行きたいのか分からない。成りゆきに任せよう」と言えば、それがまさにあなたの行く場所になります。あなたは、彷徨うことになるでしょう。それは興味深い体験ですが、特にどこにも辿り着きません。呼吸と選択をすることで、あなたはどこでも行きたいところに行くことができるのです。もっと言うなら、定義できなくても感じることのできる次元まで行くことが可能です。

あなたは存在している間に、さまざまな数多くの次元に行きました。数多くのこうした次元を創造してきました。だから、あなたの一部はすでにそこにいます。あなたの意識の粒子は、例えば昨日はアトランティスの次元にいました（ワークショップのエクササイズによって）。それからクリスタルの次元や音の次元にもいました。

他の誰かが**あなたの**次元に、あなたの「アイ・アム」に侵入することはできるでしょうか？　あなたの核には誰も侵入できません。そこは主権の領域だからです。そこは他の誰も入り込めない、侵入することができない、あなたの魂の状態、主権の領域です。あなたが招待したとしても、彼らは入ることができません。あなたが「私の魂の状態に、あなたを入れてあげよう」と言ったとしても、現実に彼らが入ることはできません。これはあなたの核の意識なので、誰も取り上げることはできないのです。歴史上には他人の魂を盗む試みが多々見られますが、それはできません。

一方であなたは自分のアスペクトたちを創造します。自らの魂の状態、そのさまざまな部分や延長を創造します。別の魂を持つ存在がアスペクトの一部になり、盗み、貶《おとし》め、催眠をかけ、人間であるあなたに、「自分は乗っ取られた」と信じ込ませることは可能です。それはとても古い魔術のトリックであり、地球の時代より、ずっと前に生み出されたものです。彼らは短期間ならあなたをだまし、信じ込ませることができます。あなた方は皆、それを経験しています。誰かが自分の魂を乗っ取ったと感じたときです。しかし、究極にはできません。それはエネルギーの奪い合い《フィーディング》の一種です。すごいビッグ・ゲームが向こうでは行われています。しかし彼らにはできません。

拡張した状態から人間のフォーカスした状態に戻るにはどうすればよいでしょう？　明確さ、深呼吸、選択です。「アイ・アム・ザット・アイ・アム」。以上です。

気づきについて、さらに

今日、この部屋には、地球のエネルギー、ガイアのエネルギーが通常よりもたくさんありますが、それは現在、地球に数多くの変化が起きているからです。地球は、その古い行き詰まったエネルギーを変容する手段を探しています。すると何が起こるでしょう？　地球のこのスピリットが、起きていることを本当に理解している人間のグループを感じた瞬間、あなたがそのエネルギーをあなたに引き寄せるのです。それは今日、ここにあります。だからあなたは周囲に地球のエネルギーを感じているのです。

あなたはそれを自分のフィーリングだと思いがちです。「今日、私はどうしたんだろう？　どうして、痛みや苦痛があるのだろう？　無性に叫びたくなるのはなぜだろう？」。それは実は、あなたのものではありません。あなたが感じているのはすべて、外側のエネルギーです。

これを少しの間、じっくりと感じてみてください。今日、ここにはさまざまな存在のグループがいます。彼らは肉体を持ちませんが、そのエネルギーは、はっきりと存在しています。彼らは「新しい地球」から見学しに来た生徒たちであり、「初心者」です。彼らはこれから肉体に転生するところです。生物に転生したことはありません。肉体の姿でこの地球に来たことはありません。新しい者たちは、あなたに引き寄せられています。あなたの後をつけていきます。人間であるとはどんなことなのか、知りたいからです。あなたと一緒に食べ物を食べてみたいと思っています。彼らは食べ物を食べたことがないからです。あなたが笑うときは、そばにいたいと思っています。これらの存在は、この人間の体験と呼ばれるものに魅了されています。じきに自分たちが体験することになるからです。

時々、あなたは思います。「今日はなぜ、私はこんなに無知になったように感じるのだろう？　この状況にどうやって対処すればよいのか、どうにも分からないように感じるのはどうしてだろう？」。なぜならあなたは彼らがそこにいるのを感じているからです。周囲に彼らの存在を感じているからです。あなたは彼らを感じているのですが、それは自分のことだと思っています。

あなたは一度に苦もなく、何千というレベルで機能します。さほど重要ではないものがあります。あるいは優先度の低いものが。とてもとても重要なものもあります。ガイアのエネルギーは現在、史上最高です。天候のパターン、地震、地球温暖化、降雪のようなものはすべて、ガイアの美しいプロセスであり、あなたはそれを感じています。

意識的な呼吸をするときは、あなたが同時にたくさんのレベルで機能していることに意識的に気づく機会としても活用してください。

これはとても実用的です。夢見る夢幻状態ではありません。秘伝的なものではありません。実際、とても実用的で、とても役に立ちます。それがグッド・ニュースです。多次元の生き方に気づけば、あなたという宝石の数多くの刻面に気づくようになります。

脳は気づきの器ではありません。それは記憶と回想の器ですが、本物の気づきは記憶などではありません。それは、この瞬間にあります。そこにはフィーリングがあります。流れ続け、自らにもっと気づいていきたいという情熱を持っています。

脳は回想します。意識は気づいています。私たちは脳だけの状態を超えていきます。単一の気づきを超えます。たったいま、この部屋には蝶がいます。冗談で言っているわけではありません。ここにいます。

あなた方のトーテム・アニマル（脚注：エッセンスの延長としてあなたが創造した動物または動物の精霊。詳細は用語解説を参照）がいくつか、部屋の中を舞っています。

あなたは思います。「この安全な空間の外では、私は奇人に見られるのではないだろうか？」。いいえ、全然。世間の人たちはたったいま、夢を**見たい**のです。世間の人たちはたったいま、自分の監獄から**脱出したい**のです。人々は切望していますが、疑いもあります。人類は、しょっちゅうつけ込まれてきたので、少し懐疑的になっています。長い目で見れば、人類は先に何が待ち受けているのかを知りたがっています。彼方に何か別のものがあることを知りたいと思っています。このすべてに理由があるのを知りたいのです。

少しの間、私と一緒に、それをじっくり感じてみてください。神というとても古い覆いがあります。私は強く主張しますが、人間はもう**その**「神」を信じたくはありません。しかし彼らは怖れています。プログラムされています。**その**「神」を信じないと悪魔が捕まえに来ると教わったからです。だから彼らはそこにはまり込んでいます。私はそれを催眠と呼びます。私はそれを、信念体系の中で凍《フ》りつ《リ》い《ー》ていると《ズ》言います。それはエネルギーのこう着状態です。しかし内側深くの何かが、彼らの魂が、もっと別の何かがあるはずだと呼びかけています。それは彼らが幼い頃に教わった「道」ではないはずです。教会が教える道ではあり得ません。どう考えても、何か別のものです。

それを誰が教えるのでしょう？　誰が彼らの内側を開く手助けをするのでしょう？　内なる神、一人ひとりの存在にとって類《たぐい》まれな、個人的な神を発見する手助けをするのは誰なのでしょうか？　それは、あなたです。

第7章　あなたと新しいエネルギー

新しい時代とは、新しいエネルギー、拡張した意識、統合であるといえます。統合はあなたの男性性と女性性、神性と人間など、あらゆる二元性のアスペクトに影響を及ぼし、すべてをこの「いま」の瞬間にもたらします。

あなたは、死んで別の領域に行ったら、統合が起こると考えることがあります。向こう側（あの世）に行けば、新たな壮大な気づきが持てるのではないかと思うのです。しかしたったいま、まさにここで気づきを持ったらどうでしょう。

新しいエネルギーの体験は極端さに関係しています。極端な希望と極端な絶望、極端な開放性と極端な制限。するとあなたは言います。「でも、アダマス、それはあまり楽しくなさそうです。極端さへの準備ができているかどうか、私には分かりません」。

ここにグッド・ニュースがあります。あなたが極端さに気づきを持てば、それらは融合されます。しかし融合されれば、それは中立的もしくは退屈なものにはなりません。拡張するものになります。そこには良い悪いという極性は含まれません。とにかく壮大なものになります。あなたが通り抜けてきた、あるいは通り抜けることになる新しいエネルギーの体験について、いくつか話をしましょう。

新しいエネルギーを発見する

新しいエネルギーはここにあります。「故郷」の外であなたが創造したエネルギーです。その物理学や特性は、あなたがよく慣れ親しんだ古いエネルギーとは明らかに異なります。振動の《バイブレーショナル》エネルギーが人生から完全に取り除かれることはありませんが、あなたは新しいエネルギーを統合し始めるでしょう。

古いエネルギーは振動エネルギーです。それを活性化するには正と負のような二つの対抗する力が必要です。振動はそれぞれの力が拮抗することで生まれ、エネルギーになります。対抗する力には男性性・女性性、光・闇、上・下、善・悪、生・死のような二元性のものが挙げられます。それは万物、全宇宙、あなたの周囲の至るところにあります。これまでは、天界の最高位の領域から地球上にある原子でも最小の粒子に至るまで、振動エネルギーがあらゆるものを構成する要素でした。それが**唯一の**エネルギーでした。

振動エネルギーないしは古いエネルギーは、あなたが「故郷」を出た瞬間に創造されました。それがよく「天使の涙」と呼ばれるのは、「故郷」に帰りたいと願う天使たちの激しい欲求から創られたものだからです。それは天使の存在が「故郷」に辿り着くための原初の燃料でした。この振動エネルギーは、いまでもあなたが「故郷」を出た瞬間と同じ量だけ正確にあります。それ以後に創造されたものも、破壊されたものもありません。振動エネルギーの総量は膨大です。それはあなた方の測定できる範囲を超えていますが、有限です。

新しいエネルギーは完全に異なります。それは対抗する力を必要としません。統合されています。まさにその性質ゆえに拡張しようとしますが、新しいエネルギーは同時にあらゆる方向に拡張するのです。外側だけでなく、内側に向けても拡張します。

新しいエネルギーは完全に違うものです。単なる古いエネルギーの副産物ではありません。魂を持つ存在が、内なる神に、本物の「故郷」へ戻るときに創造されるのです。古いエネルギーが、必要性の結果生まれたのに対して、それは完了の結果生まれました。二元性の要素が全面的に完全に統合されると、真の合一が生じると、新しいエネルギーが創造されます。新しいエネルギーは、永劫の年月の間セオリー(理論)でした。それが実際に現実に入り始めたのは、二〇〇七年後半のことでした。振動エネルギーは「天使の涙」と呼ばれましたが、新しいエネルギーは「魂の愛」と呼べるでしょう。

天界の存在たちをはじめ、それがどのように作用するのか、十分に理解している者は誰もいません。それが新しいものだからです。私たち、とりわけこの地球上でつい最近生涯を過ごした存在たちは、さまざまなセオリーや見解を持っています。あなたの人生でそれがどう作用するかについて、私たちはある程度一般的な概念を持っていますが、とても新しいものなので完全に理解している者はいません。

いくつか確かなことがあります。新しいエネルギーは、古いエネルギーのようにパターンやサイクルを築くことはありません。振動エネルギーは通常、同じ環境下では同じような反応を示すものです。別の言い方をすれば、今夜あなたが卓上スタンドのスイッチを入れれば、ほとんどの確率で明日の夜もスイッチが入ります。今年、林檎の木から林檎が落ちれば、おそらく来年もまた落ちるでしょう。物質的なものに限らず非物質的な現実にも、ほとんどすべてにこのシンプルな原理をあてはめることができます。

振動エネルギーは、予測可能で繰り返しのパターンを持つため、安定しています。パターンは外の力に押し出されるまで、何度も繰り返されます。例えば、電球は切れるまで、あるいは電源が切られるまで稼働し続けます。林檎は木が死ぬまで木から落ち続けます。木の生死のパターンですら、予測可能です。

この概念は精神と感情の活動を含め、あらゆるものにあてはまります。これが、あなた方の多くがこの数年間体験してきたものです。あなたは不満を感じていましたし、ええ、うんざりしていました。そこであなたは人生の古いエネルギーの古いパターンから抜け出そうとします。よくあるのが、人生の古いパターンから抜け出すために、トラウマを引き起こす出来事を創造してしまうことです。外からの力がパターンを変えるというわけです。輪廻転生は一つのパターンですし、簡単にその中で身動きが取れなくなります。スピリチュアルな探求もパターンです。豊かさの欠如、病弱、ひどい人間関係、こうしたものはすべてパターンになりがちです。私が何を言おうとしているのか、分かってきましたか?

親愛なる友人たち、あなたは新しいエネルギーがここにあるのを直感で分かっています。古いエネルギーのパターンに疲れ果て、うんざりしています。とはいえ、あなたはその支配力から抜け出せないかのように思っていますし、新しいエネルギーを受け入れるほど、自らを信頼していません。人生に統合する前に、メンタルなレベルでそれに関するあらゆることをあなたは知りたいと思います。そしてそうしている間にも、古いエネルギーのサイクルが何度も繰り返されていくわけです。

新しいエネルギーは異なります。二種類の、同質の似た状況にあてはめると、まったく違う結果が出ます。それはパターンを創造しません。それどころか、さまざまな異なる新しい可能性を創造しているように見えます。

新しいエネルギーは強力です。あなたは古いエネルギーにとてもフラストレーションを覚えることがあります。あまり効率的だとは思えないからです。それを埋め合わせるため、あなたはさらなる古いエネルギーを手に入れようとしました。お金や権力のようなものを介して、古いエネルギーを蓄えなければなりませんでした。古いエネルギーという、おなじみの倉庫を建てる必要がありました。時間の制限もあったからです。言い換えれば、それは「いま」の瞬間に現実化するものではなかったからです。大変な労力がいりました。最近、あなたが焦燥感や不安を抱えているのは、このように感じているからです。「もっと良いやり方があるはずだ。違うやり方でこれができるはずだ」。あります。だから、あなたはここにいるのです。だから、私はここにいるのです。

新しいエネルギーはあなたの周囲に、人間のエネルギー・フィールドの近くに存在していますが、まだ浸透していません。タイミングが良くなかったからです。あなたはたくさんの問題を解き放ち、処理することにあまりにも没頭していたので、新しいエネルギーが入って来るのに、ふさわしくありませんでした。入って来れば、あなたの回路のかなりの部分が故障してしまったでしょう。あなたはほんの少しだけ指で触れ、そして少しだけ味わってみましたが、もう人生にそれをもたらし始める時です。

新しいエネルギーには怖れるものは何もありません。古い振動エネルギーでは、それに付随した怖れが出てくることがあります。古いエネルギーは両極性を含んでいるからです。時々、人生に古いエネルギーの波が押し寄せるのを感じて、少し不安になることもあります。それが確かに古いエネルギーのパターンを多く含んでいるからです。あなたはさらなるエネルギーを望み、欲してきましたが、気が進まない部分もありました。ただ単にその多くが、これまでと変わらぬ古いものだったからです。

新しいエネルギーは現在、混じりけのない状態にあります。それはとてもシンプルな存在状態にあり、入って来る準備が整っています。あなたにとって扱いにくい点は、私たちでもそうですが、それが完全に異なる反応の仕方をすることです。そしてその効能がまったく未知のものだということがあります。

新しいエネルギーとマインド

新しいエネルギーはとても強力で、とても純粋です。それはマインドに打撃を与えることが、多々あります。私たちに分かっているのは、それがマインドとはうまく協調しないということです。本当です。これは完全に理にかなっています。あるいは、マインドとあまり協調しないのは「自然だ」と言うべきでしょうか。なぜなら、マインドは古いエネルギーのツールだからです。私たちはこの講義の中で、マインドについて長々と話してきました。マインドは振動エネルギーを取り込み、そのパターンと密接に連携していくようになりました。あなたのマインドはパターン化され、古いエネルギーという型にはめられたのです。

新しいエネルギーは、マインドとはあまり協調しません。課題となるのは、マインドから抜け出せるほど十分に自分自身を信頼するかどうかです。ここが、私たちが何千年も「ミステリー・スクール」で話してきた神性の原理に関する部分です。私たちは人間のマインドを超え、神性のマインドに入っていきます。神性の知性は判断をしません。いわゆる分析というものを使いません。直線のロジック（論理）や階層のロジックは使いません。

神性のマインドは思いやりを持ち、敬意を持ち、シンプルです。一方、人間のマインドは、とても複雑にします。複雑さを誇りに思います。頭が切れる人たちにはとても複雑な人が多く見受けられますが、じきに彼らは、さえない退屈な人になってしまいます。

神性の知性に取り組み始めると、あなたはそれに同意していますが、困難に直面するでしょう。それは人間の知性より、はるかに優れています。それはデータベースではありませんし、過去に起きたものを根拠に未来の展望や可能性を探ることはありません。神性は、そういうことはまったくしません。神性はとてもシンプルな原理を理解しています。すなわち「すべての創造においては、すべて良し」。したがって、すべてが壮大な体験になるのです。

神性のマインドは、疑いを知らないマインドです。トバイアスの言葉を借りるなら、マインドは「それはどうでもよいことです（It doesn't matter.）」を理解しています。それが欲するのは、守るより探求することですが、これを困難に思う人もいるでしょう。人間の状態とマインドは、防御、安全、安心を追求しますが、それに対し、新しいエネルギーと調和した神性は、そんなものはどうでもよいと思っています。あなたの人間の自己が大声で「私を守って、助けて！」と叫ぶときもあるでしょう。

神性は気にしないことを理解しておいてください。神性はあなたを何かから守る必要はありません。それは人工的な信念です。何からあなたを守るのですか？　あなたの内側にある愛からですか？　すでにあなたはアセンションを達成しているけれど、そこに辿り着いた過程をいま「体験」しているというアセンションの状態から守るのですか？　すべてが完璧な状態にあるという事実から、自分を守らなければならないのですか？　闇や、別の勢力があなたを乗っ取ってしまうというような、大昔に埋め込まれた古い信念体系はもう解き放つ時です。それは、うまくいかないからです。その試みはありました。あなたは他の人たちに試してみましたし、彼らもあなたに試みました。しかし、それはうまくいきません。

あなたが別の存在から消耗させられるとか、消滅させられることはあり得ません。あなたが、例えば地球のような特定の現実に未来永劫に捕われてしまうことは、あり得ません。あなたは本当に、主権を持つ存在です。心配すべきものは何もありません。守り、防御を固め、防衛することが、さらなる困難とフラストレーションを招いてしまったのです。

新しいエネルギー

新しいエネルギーはここにあります。それは待っています。それは**実在**します。リアルです。ただの概念ではありません。長いこと、それは概念でした。予言されてきました。それをあなたは「キリストの再臨《セカンド・カミング》」と呼んでいました。別の生涯に転生した時、あなたはそれがすぐにもやって来ると思い、期待を持ち、それに備え、新しい時代、新しい時について話していました。それはたったいま、ここにあります。このボールに象徴されるように（アダマスが大きなプラスチックのボールを聴衆に放り投げる）。質問はこうです。あなたは準備ができていますか？

新しいエネルギーは、古いエネルギーとは全然違います。（誰かがボールに当たって、「痛い！」と言う。アダマスは笑っている）どうです？「新しいエネルギー」はなかなか効き目があるでしょう！　それは天真爛漫に見えますが、古いエネルギーの信念に衝突すると、少々パワフルになります。

古いエネルギーは「故郷」に戻りたいと願う魂の欲求から創造されました。新しいエネルギーは「セルフ」に回帰することにより、あるいは二元性の融合の結果として、ここにあります。

融合が生じると、あなたはもはや別々の男性性・女性性、別々の光・闇、別々の人間・スピリットを持たなくなります。幻想が消えます。それは消滅します。分離という幻想はなくなります。あなたは女神のエネルギーを連れ戻そうとするのをやめます。何て七十年代的なのでしょう。あなたが世界に光をもたらす必要はありません。何てソーシャルワーカー的なのでしょう。あなたのハイヤーセルフを探し求める必要はありません。ハイヤーセルフは、いないからです。「あなた」しか、いません。

哲学的な議論や宗教に関する討議は必要なくなります。分離はないと気づけば、宗教の必要性は消滅します。天罰はありません。贖罪はありません。あるのは気づきだけです。

二元性が一緒になると、もはや光・闇、男性性・女性性、善・悪という幻想がなくなれば、**新しいエネルギーが創造されます**。それは古いエネルギーとは異なります。古いエネルギーはあなたが「故郷」に帰るために使うロケット燃料でした。いま、あなたは「故郷」に**在る**準備ができていますか？　二元性が全体性へ融合し始めると、新しいエネルギーが創造されるのです。

新しいエネルギーはどこから来ると思っていましたか？　神ですか？　神には見当もつきません。本当ですよ！　神は古いエネルギーです。そうですね？　私がこう言っても、雷は落ちてきませんでしたよ。神はたったいま、微笑んでいます。神が古いエネルギーなのは、あなたが古いエネルギーだからです。

「スピリット」は主権性という贈り物をあなたに与えました。「スピリット」は意図的に分離を創造しました。そしてたったいま、「スピリット」に何が起きていると思いますか？　融合《フュージョン》です。あなたへと戻り、融合しています。「スピリット」が**あなた**という故郷へ帰るのです。あなたが「スピリット」という故郷へ帰るわけではありません。「スピリット」が、あなたという故郷へ帰ります。

やれやれ！　一緒に深呼吸をしましょう。

「スピリット」が古いエネルギーなのは、**あなたが**古いエネルギーの中に宿ったからです。しかしあなたが完全で完結した「汝」自身を知れば、「スピリット」ももはや古いエネルギーではなくなります。「スピリット」とあなたはずっと自分がどこから来たかを覚えているでしょう。あなたをここに連れてきた旅を、ずっと覚えていることでしょう。それが忘れ去られることは、決してありません。決して消去されることはありません。大きな喜びと共に、あなたはあなたが生きたすべての人生のあらゆる困難な体験、あらゆる素晴らしい瞬間を覚えているでしょう。ここに至るまで、どうして自分に思い出させなかったのか、なぜ分離を創造したのか、不思議に思うでしょう。あなたは言うでしょう。私は以前にそれを聞いたことがあります。「なぜ、私は自分に、ほんのひとかけらの記憶だけでも与えなかったのだろう？　そうしていれば、この旅全体がずっと簡単だったのに」。

新しいエネルギーはあなたがあなた自身へ帰るときに創造されます。もはや分離はなく、もはやバラバラではありません。あなたの人生にはまだ古いエネルギーの影響が多々ありますが、それはあなたを取り囲む世界がそうだからです。それは大衆意識のあちこちにあります。まだ統合されていないアスペクトにあります。しかしあなたは人生に新しいエネルギーの要素を持つでしょう。それはたったいま、ここにあります。

新しいエネルギーは振動ではなく、拡張します。それは時間と空間さえも通り抜け、同時にあらゆる方向に拡張します。それは時間と空間の系列の中で使うことができます。言い換えるなら「いま」に。しかしそれは、時間、空間、マインド、ルール、パターン、そして歴史による制限を受けません。あなたの現実に入って来る新しいエネルギーを限定しようとしないでください。

数年前にトバイアスが四つの大理石に例えて、四つの要素、すなわち光の要素、闇の要素、中立の要素を見事に描写してみせました。これらは現実の基本的要素でした。光、闇、グレーの間のエネルギー・バランスは、絶えずシフトしました。これは二元性のバランスとシフトを表しています。あるいはそれを、支配とコントロールのための、光と闇の不変の闘いと言う人もいるかもしれません。

現実の性質は、常にこれらの要素の動向に基づいていました。しかしそれは新しい要素が突如として現れるまでのことです。その新しい要素は他とは大きく異なっていました。それは透明《クリア》でした。新しい要素である明確さ《クラリティ》は、元々あった他の三つの要素とは異質なものだったのです。ずっと互いを憎み、絶えずコントロールのために闘っていた光と闇が、突然手を組みます。彼らは透明の大理石の存在を追い出そうとします。それがあまりにも違っていたからです。それが光対闇という、長年続いたゲームを終わらせる可能性を秘めていたからです。

意識の中に新しいエネルギーが現れると、あなたの一部はそれを拒絶しようとします。それが古いパターンに適合しないからです。あなたの一部、とりわけマインドは、それをあなたの存在そのものに対する脅威と受け取ります。あなたの光と闇は、間違いなく抵抗します。あなたの内側にある二元性の残党は、それに怯えます。なぜでしょう? それが、古いゲームを終わりにする合図だからです。ゲームがなければ、自分は何者なのか?と、あなたの古いアイデンティティは思うからです。

あなたの新しいエネルギー

あなたがなぜ新しいエネルギーを創造したのかといえば、自分に帰るのはどんなものなのか、統合された「意識のボディ」になるのはどんなものだろうと、あなたが思いを巡らせたからです。それはあなたのものです。あなたがそれを創造しました。あなたにとっていまは、とても個人的なものですが、他の創造にも拡張していきます。なぜなら、自分が創造したものは、決して所有することはできないからです。

あなたは、それを使うことができます。愛することができます。あなたの創造物に壮大な情熱を抱くことができます。けれど、自ら創造したものを所有することはありません。じきにそれは独自の表現を望むようになるからです。いつかは、エネルギーは流れていかなければならないのです。「スピリット」からあなたへの何より神聖な贈り物は、あなたの至高の(主権を持った)神性の意志です。「スピリット」は宣言しました。「出ていって、『汝』自身を知りなさい」。

新しいエネルギーがあなたの人生に入りつつあります。それは違って見えます。違って感じられます。違う匂いがします。それは**あなた**ですが、ある意味であなたが体験したことのないものです。それは神から来ているわけではありません。私から来ているわけでもありません。あなたのものです。それを観察してみてください。遊んでみてください。対峙するときはマインドから抜け出てください。

最近の講義で私は、フィーリング、あるいは気づきの知覚について、かなり強調して話しています。マインドから抜け出てください。マインドが新しいエネルギーを理解することはないからです。天界の存在やペットとコミュニケーションを取る際に、言葉を使わない練習をしてくださいと私が言ったのは、そのためです。言葉はマインドから出てくるからです。新しいエネルギーへのあなたの理解が、頭から出てくることはありません。あなたのハートから出てきます。それはシンプルなものになるでしょう。

あなたはそれを切り刻み、分析し、定義しようとするでしょう。どうか、しないでください。あなた方の中には（クリムゾン・サークルのウェブサイトの）掲示板に来て、このように言う人もいるでしょう。「私は新しいエネルギーを発見しました。それはこういうものです」。ダメです。描写しようとはしないでください。それを**体験**してください。隣にいる人に、どうやってそこに到達するかを伝えようとしないでください。それはとても個人的なものだからです。それを定義しようとすれば、すぐに古いエネルギーの力学に戻されます。あなたが最初の人である必要はありません。別の言い方をすれば、「あなたが得る前に、私が得た」というような、自己満足的なことはしてはいけません。

それは言葉では言い表せない、個人的で神聖な体験です。それは神性の性的体験ですが、生殖器からもたらされる性質のものではありません。私が言っているのは、ハートからもたらされる純粋な性的体験のことです。本物の愛とはあなたの男性性と女性性が互いに恋に落ちているとき、もはや別々のアイデンティティを維持する必要がないレベルまで達した状態をいいます。

新しいエネルギーを使う

あなたは訊きます。「人生で新しいエネルギーをどうやってあてはめればよいですか？　次に何をする必要がありますか?」。呼吸してください。それは良いスタート地点です。呼吸してください。

新しいエネルギーは時間と空間を超えています。あなた方の中には、時間と空間を科学的、心霊的に研究した人たちがいます。それは魅力的な議論ですが、正確ではありません。あなたは直線的な方法で時間と空間を見ているからです。おそらくあなたは訊くでしょう。「すべてが同時に起きているのではないのですか?」。いいえ、そうでもありません。するとあなたは尋ねます。「どうすれば時間をさかのぼる旅ができますか？　私は過去に戻り、過去を変えたいのです」。それはメンタルで、直線的です。うまくいきません。時間と空間を超越することはできますが、あなたが思っているようなやり方ではできません。あなたは言います。「未来に入っていき、何が起こるか見てみたい。株式市場がどうなるか知りたい」。つまりあなたはこれから起きることを知りたいわけです。ここから、そこに到達することはできません。というのは、あなたは現実が直線的な性質を持っていることを前提にしているからです。

新しいエネルギーは時間と空間を超えています。そこには直線的な在り方という締め付けがありません。言い換えますが、計画し始めないでください。ゴールを作らないでください。明日、何が起こるか、あれこれ推測しないでください。

本物の新しいエネルギーは、この瞬間に起こります。この瞬間には時間と空間がありません。だからと言ってあなたの魂が体験することのすべてを、いま同時に、同じ瞬間にあなたが体験するということではありません。それはトバイアスの素晴らしい言葉を借りるなら、こういう意味です。「それは、どうでもよいことです」。この瞬間には昨日起きたこと、あるいは明日何が起こるかは、どうでもよいのです。それはもう、とにかく、どうでもよいのです。

人間の旅は直線的な体験への欲求が基盤になっています。言い換えれば「明日は何が起こるのだろう？」というものです。実はまったく離れていなかったあなたの最も深いセルフを体験したければ、それはこの瞬間にあります。

あなたは何をぐずぐず待っているのですか？　あのプロジェクトを終えるまでですか？　違う都市に引っ越すまで？　マスターがやって来て、話しかけてくれるまで？　少し体重が減るまで？　何か画期的な出来事が起こるのを待っていれば、新しいエネルギーを遅らせることになります。なぜなら、新しいエネルギーもまた、待つからです。

それは待つゲームです。または私はそれを運命のゲームと呼んでいます。「自分に何が起こるか、静観すべきだ。これを終えるまで、待たなくては」。もう結構《ノー・モア》です。それは、たったいま、あります。あなたが自分のことをどれほどまともじゃないと思っていても、どれくらい悪いことをしてきたと思っていても、どれだけの悪習慣を持っていても、どれほど多くの失敗を経験してきたとしても私は気にしません。私がマスターになる前にどれくらいの数の失敗をしてきたか、分かりますか？　一つだけです。それは真実です。なぜなら、究極には失敗などないからです。私の失敗とは、クリスタルの監獄から脱出するのに、とてつもなく長い時間を要したことです。答えはずっとそこにあったのですが。しかしあなた方同様、私はただそれをやる代わりに「ここからどうやって抜け出すか？」というゲームをしていたのです。

いまこそ、たったいま、時間と空間を超えて、何かを待つのを超えて、**たったいま**、自分自身と絶対的に繋がる時です。新しいエネルギーをもたらし、マインドから抜け出し、気づきへ入る時です。これ以上、待たないでください。それは、まさに、いまです。

意識がシフトする

意識には、主要なシフトが数回ありました。第二次世界大戦の直後に大きな意識のシフトが起こり、続いてテクノロジーの変化がありました。別のシフトが六十年代初期に起こりました。意識における巨大なシフトでした。それが再び、テクノロジーの進歩への扉を開きました。

六十年代後半と七十年代初期に、新しいテクノロジーの爆発的増加という点から何が起きたか見てください。意識が拡張すれば、テクノロジー、医療、科学、ビジネス、システムが追随するのです。

二〇〇一年にもご存じのように大きなシフトがありました。それは価値観や倫理観に影響を与え、現在、金融や政治、そしてある程度、宗教にも現実的なシフトをもたらしています。当時起きた意識のシフトが、いま現実の中に現れています。

二〇〇七年にもう一つのシフトがありました。世界中のほとんどの人たちには注目されませんでしたが、記念碑的なものでした。それが嵐としてやって来る必要はありませんでした。歓迎すべき招待としてやって来ました。それは「クォンタム・リープ」と呼ばれました。あなた方のほとんどが何らかのかたちでそこに参加しています。それは驚異的な新しいテクノロジーをもたらす扉を開きました。その多くはまだ、いうなればデスクトップ上に置かれたままです。それらはまだ遂行されていません。

二〇〇七年に生じた変化は、最終的には新しいエネルギーの解決策をもたらすでしょう。幹細胞の再生のような、医療分野におけるとてつもない問題解決策、そして人類が直面するものでも最大級の課題である「燃料エネルギー」に驚異的な発見をもたらすでしょう。この世界は、今後三十年以内に現存の資源を著しく枯渇させるペースで、古いエネルギーである化石燃料を消費していますが、ほとんどの人間はその事実に注意を向けたがりません。

ええ、そこにはまだたくさんの石油やガスがあります。しかし常識で考えれば分かります。「あと一万年分に相当する量の化石燃料があったとしても、私たちはただ環境を汚染しているだけではないのか？ガイアが私たちに譲り渡す地球というこの贈り物に、ダメージを与えているのではないのか？」。そのため、資源がもっとたくさんあったとしても、常識はこう言います。「現在のペースで燃料を使用し続ければ、私たちは天候や環境への問題をただ抱え続けるだけではないのか」。

必要性が解決策を創造します。優れた燃料テクノロジーの飛躍的発見がすぐそこまで来ているのですよ、親愛なる友人たち。それらは太陽光《ソーラー》や風力ではありません。そのようなものは、私見ですが気晴らしです。驚異的で純粋なエネルギーが、まさしく利用できる状態にあります。常温核融合を例に挙げましょう。常温核融合の室内実験のいくつかは成功しましたが、おかしなことが起こりました。彼らは結果を再現できなかったのです。う〜ん！

常温核融合の実験は、実際うまくいきました。（原子）核エネルギーと違い、とりたててネガティブな副産物もなく、エネルギーが形成されました。しかし研究者たちはその結果を再現することができなかったので、他の研究者や同僚たちの批判を浴びました。何が起きていたと思いますか？「新しいエネルギー」ですよ！　同じ状況下であっても、同様のレスポンス（反応）を示さないのです。

その研究者たちは新しいエネルギーに近いものを利用することができました。別の言い方をすれば、正確には「新しいエネルギー」というより、むしろ「新しいエネルギー」の影なのです。彼らは時間と空間を超えてそこに入り込み、常温核融合を創造しました。それはあなた方がこれから手にすることになる、数多くの新しいエネルギーの燃料源の一つです。

テクノロジーに注意していてください。テクノロジーの解決策がまさに発見される寸前です。彼らは実験室でそれらに取り組んでいますが、ちょっとした構成要素が不足しています。意識がもう少し拡張するまでは、彼らがその不足した構成要素、もしくはその最後の捉えどころのない要素を手にすることはないでしょう。テクノロジーと科学は、常に意識に追随するからです。

たったいま、あなたが意識を拡張しているこの瞬間に、何が起こるでしょう？　あなたは他の人たちのために、可能性を築いています。病気、燃料エネルギー、地球環境などの問題解決や課題に取り組んでいる人たちのための可能性を。あなたが自らの意識を使ってやっているワークは、人類の潜在的可能性にインパクトを与えます。ひとりの意識が違いをもたらすことができるのです。私があなた方とワークするのを光栄に思うのは、それが理由です。

Potentials and Manifesting

第8章　可能性と現実化

あなたは一度に一つ以上の現実を体験することができます。あなたは一つの現実を選択し、そこに注意を集中《フォーカス》するのに慣れています。起きているのはそれだけだと信じています。しかし過去、現在、未来は無数の潜在的可能性に満ちていて、この数々の可能性は、あなたが現在体験している可能性と同じように活発で有効なのです。

あなたは単一で現実化する体験になじんでいます。どういう意味かといえば、通常あなたは一つの直線的な現実だけしか認識していません。例えば今夜、あなたがあるテレビ番組を見るのを選択するとします。それはとても安心できることですが、実はさまざまな多数のテレビ番組を一度に見ながら同時に気づいているることが可能です。これは多重の現実化として知られています。つまり、同時発生する出来事を一度に認識するというものです。面白そうですが、初めのうちはとても違和感があるかもしれません。数多くの生涯を過ごす中で、あなたは一度に一つの現実だけを現実化することにフォーカスしてきたため、一度に一つの直線的な体験しか処理できないはずだとマインドが信じ込んでいるからです。しかし現実には、あなたは多くを対処することができます。

分析的なマインドは、そんなことはうまくいくはずがないと思います。同時に多重の夢を見ることなど、できるわけがない。本を読みながら同時にパーティを計画することなど、できるわけがない。電車に乗りながら同時に海岸を歩いて写真を撮るなんて、できるわけないではないかと思うのです。

おそらくあなたには試練が待ち受けているでしょう。自分自身を失い、自分のアイデンティティを失い、ウサギの巣穴に落ちてしまうのではないかとまで思うでしょう。なぜかといえば、あなたのアイデンティティですら、単一の直線的な現実を基盤にしているからです。その必要はないのですが。あなたは同時に多重の現実化を体験することができます。それと遊んでみてください。想像してみてください。そうすれば、実はその方がより自然な存在状態なのが分かるでしょう。

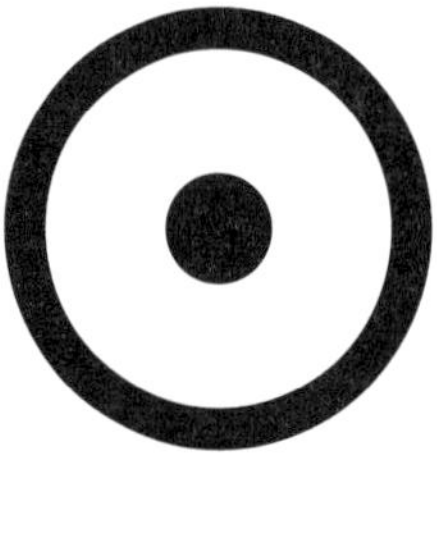

個人的なヴィジョン

上の図のシンボル、円で囲まれた「点」は、「蛇の目（circumpunct）」としても知られています。中心の点は源（Source）、すべてであったもの（All That Was）、永遠なる一（Eternal One）を表しています。また、これはあなたの魂ないしは神性のシンボルといえます。外側の円はあなたの魂の拡張または旅を表しています。円の内側に含まれているのは、あなたのこれまでのすべての体験です。すなわち過去の生涯、過去の体験、この時点までに起きたすべてのことです。

また、円はとても重要な別のものを表しています。守護用の殻です。あなたは何を守っているのでしょう。あなたの魂です。あなたの神性です。なぜでしょう。なぜならあなたは魂、つまりその「点」は純粋で壊れやすいものだと思っているからです。外からの影響や二元性の勢力のようなあらゆるもので汚したくないわけです。神性の周りに殻を保っておけば、闇が入って来ることはできないという、誤った信念をあなたは持っています。しかし本当の問題は、あなたの闇はそして光もすでに**その中にある**ということです。

本当の問題は、あなたが闇を締め出していることではありません。本当の問題はあなたが闇を中に入れたままにしていることなのです。

神性を守ろうとするこの試みが、あなたの意識の拡張を制限してきたのです。しかしそれはごく簡単に改善できます。深呼吸をして、大胆に、怖れることなく、ここには（円の外側）何ひとつ心配すべきものはないことを覚えておき、意識的に拡張を選択すればよいのです。ここにあるのはあなたの未来の可能性の数々にすぎません。あなたには神性の意志と選択があるので、あなたの至高善になるもの以外をあなたが選択することはありません。それがあなたの至高善になるのであれば、他人にとっての至高善にもなるとみなしてよいでしょう。

ここでは（円の外側）輝かしい可能性を手に入れることができます。ほとんど無制限にあります。この可能性の数々は、あなたの想像を超えて膨大です。信じられないかもしれませんが、あなたがその一つひとつを、すべてを創造したのです。そこには浮き立つようなものもあれば、インスピレーションに溢れたもの、気が滅入るもの、悲しいものがあります。恐ろしいものがあるかもしれません。楽しいものもあるでしょう。あなたが、あなただけが、自分が体験したい可能性を選択できるのです。一つ以上の可能性を選択して、多重の現実化の意識とはどんなものなのか、体験することもできます。

あなたの可能性のフィールドを他の誰かの可能性が干渉することはできません。あなたがそれを許容すれば、あるいは選択すれば別ですが。同様に彼らが許容しない限り、あなたも他人のフィールドに干渉することはできません。言うまでもありませんが、大多数の人間は少なくとも無意識ベースでは確かにそれを許容しています。しかしあなたが主権性を選択し、固く掴んでいる大衆意識を手放し、運命があるという信念を解き放てば、あなた独自の個人的な可能性の美を体験することができます。

あなたの可能性のフィールドでは（円の外側にあるすべてのもの）、運命、宿命、あらかじめ決められた道、外側の神によるルールは必要ありません。すべて、あなたのものです。実にシンプルです！　なぜ、人間はそれほど複雑にするのでしょう。きっと、外側の力が自分の人生を導いている、あるいはコントロールしているという幻想が気に入っているのでしょう。もしかすると彼らは、善は悪と一体でなければならないという可能性を体験したいのかもしれません。しかし私たちが共有する、この安全で聖なる瞬間に、あなたは**あなたが**欲しいものを選ぶことができます。

想像する

マインドは箱です。言い換えれば、マインドには制限があります。それは直線的です。マインドはまったく想像することができません。想像する方法を知っているフリをしますが、マインドがやるのはそこにある記憶を引き出し、未来の光景を描いてみるだけです。だからマインドの想像力は、ほとんどの場合とても制限があります。

マインドには、こちらにあるあなたの可能性のフィールドを見て、知覚することはまずできません。だから夢や人生のゴールが、あなたの望むかたちで現実化することがほとんどないのです。それらは偽りの源からもたらされるからです。ですが「意識のボディ」としてのあなたは想像し、夢を見ることができます。

十年前に起きたことは問題ではありません。それは本当に、あなたではありませんでした。それはあなただと信じたがりますが、本当はそうではありません。以前の生涯であなたに起きたことは、本当は、それはあなたではありません。あなたの魂の体験の一部です。ええ、そうなのです。でもそれはあなたではありません。あなたはこの「いま」の瞬間のあなたの意識なのです。

「いま」の瞬間のあなたの意識は、まさにここに（円の内側）示されています。あなたの新しい体験のための可能性は、まさにここに（円の外側）示されています。

では、どうやって現実ベースに、「いま」の瞬間に可能性を持って来ればよいのでしょうか。未来に旅するわけではありません。正確にはこの瞬間に意識を拡張し、あなたになり得る、ずっとたくさんのものを包み込むのです！　これは、「アダマスのスピリチュアル物理学一〇一（脚注：初級講座）」です。あなたは想像力を使い、意識を拡張します。本当はマインドが作動しているわけではなく、正確にはあなたの「意識のボディ」全体が作動していることを覚えておいてください。

さて、大事な質問です。あなたは何が欲しいのですか？

私は多くの聴衆にこの質問をしましたが、いまだに満足する答えを得ていません。人々は、半ば悟りに達している人たちでさえ、自分が欲しいものが分かっていないようです。彼らは自分が**ない**ものを定義することはできても、自分が**本当に欲しい**ものを定義するのを怖れているのだと現に私は信じるようになりました。

あなたが大胆で怖れを知らず、あなたの可能性のフィールドの中で想像して、現実にいくつか選び出せばどうなるでしょうか？

そこで質問はこうなります。どうやって可能性を選び出すのか？「喜びと幸せ」のように広い意味で表現しますか？　それとも「年収十五万ドルの最高の職、ＢＭＷセブンシリーズ、それからゴールデン・レトリーバー犬」のように、とても具体的な可能性を表現しますか？

私は強調しておきますが、「私は幸せになりたい」といったとても幅広い選択ではちょっと弱過ぎます。ＢＭＷセブンシリーズを運転する以外に幸せとは何かが、あなたに分かっているとは思えないからです。「私の最初のクラスに三十人の生徒が欲しい」というような選択は、実はとても制限があります。結果を得るために他の人間に依存することにもなるからです。ですから質問は、意識的な「創造者」はどのように選択するか？です。ちなみに、それはトリックの質問ではありません。

あなたはこのように選択します。すなわち何があなたにインスピレーションを与えるのか？　あなたが拡張して感じられるものは何か？　あなたが完全で、全体性を感じられるものは何か？　言い換えればこんなフィーリングにいくのです。**あなたが、これだと感じるものは、何か？**

こうしたさまざまな可能性にラベルや言葉を貼り付ける必要はありません。「仕事」「お金」「悟り」のように分類する必要はありません。なぜなら可能性には実際のところ、ラベルも人間の定義づけもないからです。

可能性とは中立状態にあるエネルギーであり、あなたがそれを活性化することができます。あなたの可能性のフィールドは健康、お金、悟り、その他の人間ベースの要素で定義されることはありません。あなたの可能性は、実際には深い知覚のフィーリングです。

私が提案するのは、これです。

1　目を閉じて、リラックスして、五分間、意識的な呼吸をします。

2　あなたの「いま」の瞬間を想像してください。図で描かれた、外に向けて拡張する、外側の円で示されているものです。

3　微笑んでください。リラックスしてください。何か光景が見えるとか、声が聞こえるというような期待はしないでください。自分自身に本当に感じさせてあげます。

4　メンタルに入らずにエネルギーを十分に「感じて」ください。それらと遊んでください。拡張し続けながら、それぞれの違いを体験してください。

5　しばらくエネルギーと遊んだら、何かを選んでください。そのときに人差し指でそれに触れていると
ころを想像してみてください。

6　深呼吸をしてください。リラックスしてください。

7　それを忘れてください。言い換えれば、そのことをくよくよ考えないでください。その前に何であれ、
あなたがしていたことに戻ってください。これらのエネルギーが、あなたに奉仕するためにいま入っ
て来ているのを知っていてください。

意識的な選択というスピリチュアル物理学

どういうわけか、人間と話をするとき、他の何よりもこの「選択」という考え方を伝えるのに私は苦労します。イエシュアがどのようにして十字架上で死に、スピリットで戻り、マグダラのマリアと共にワークして、ライト・ボディの状態でマリアを妊娠させ、二人の子供を授かったのかという話をすることがありますが、このような話はどれも人間にとっては、人生で「選択」をすることより簡単に理解できます。ちなみにこれは実話です。人間にはエイリアンの生命体や地球を訪れている小型の宇宙船の話をする方が、

「選択」をすることについて話すより簡単なのです。

仮に明日、五機のＵＦＯがメキシコシティで目撃され、そのうちの一機が実際に人間とコンタクトを取るであろうと私が話せば、あなたはインターネットに繋がり、知り合い全員にその話をするでしょう。しかし意識的な選択をして自分の現実を創造するという話を聞いて、あなたはエキサイトしますか？　今夜眠れなくなるくらい、エキサイトしますか？　明日が待ちきれないほど、エキサイトしますか？　それがあなたのものだと知っても？　おそらく、しないでしょう。

意識的な選択、自分の現実を創造するという概念は、手強いものです。それはあまりドラマチックではありませんが、とても、とても美しいものです。

先ほどお見せした「蛇の目」ですが（一五六ページの図）、「点」は「故郷」を表しています。あるいは天国、すべてであったもの（All That Was）、神（God）、創造者（Creator）、源（the Source）と呼ぶ人もいるでしょう。神は訊ねました。「私は誰なのか？　私は存在するが、私は誰なのか？」。その質問が、神が神に恋に落ちた原因でした。なぜなら、あなたが本当のあなたについて思いを巡らせた瞬間、自分自身と恋に落ちるしかないからです。

その愛は大爆発を引き起こしました。あなた方の天文学者たちはそれを「ビッグバン」と呼んでいますが、実はそれは「スピリット」が「セルフ」に恋に落ちた結果、起きたものです。この愛が神の火花を創造しました。魂を持つ存在、すなわち、あなたと私を。「スピリット」が自らを何度も繰り返し発見することができるように。あなたを通して「スピリット」は夕映えを体験しています。食べ物を食べるとはどういうことなのか、芸術作品の美しさを、人間関係の親密さを体験しています。スピリットがいま人生を知っているのはあなたのおかげです。

あなたが「故郷」の意識から、源《ソース》の心地良さから出ていった時、「故郷」の彼方には何もありませんでした。「スピリット」でさえ、こちら側に何があるかを知りませんでした。何もありませんでした。あなたは「火の壁（Wall of Fire）」を渡りました。それは、意識の境界線の喩えです。「大いなる中心太陽（Great Central Sun）」と呼ばれているのを聞くかもしれませんが、それは「故郷」を言い換えただけのことです。

あなたが意識の境界線、「火の壁」にやって来ると、あなたの新しい魂は無数の断片に砕け散りました。この錬金術があなた独自の魂のアイデンティティを形成しました。決してあなたから奪い去られることのないものを。

「火の壁」の内部で粉々になりながら、あなたはあなたが体験していくことになるすべての可能性の一つひとつを創造しました。人間のマインドにはほとんど計り知れないほどです。あなたはあらゆる生涯、あらゆる行動、あらゆる思考、あらゆる言葉の可能性を創造しました。単にあなたが体験したことだけでなく、決して体験しなかった可能性も創造したのです。「火の壁」であなたは魂が知ることになるあらゆる可能性を創造し、そして感じました。したがって、あなたがし得ること、あるいはなり得るものはすべて、すでに存在しています。だから自分がどの可能性を現実化したいのかを選択すればよいのです。この視点があれば「創造者」になるのがいかに簡単なのかが分かります。あなたはすでにそれを創造しているからです。新しいものはほとんど何もありません。あるのは、その可能性を生きる体験だけです。

だから私が「明日は何が起きるでしょうか？」と言い、それから「あなたが選ぶのです」と言ったとき、本当はどこから選ぶのかというと、すでに存在する一連の美しい可能性の大群から選ぶことになるのです。私が「あなたが欲しいものを選んでください」と言えば、あなたは「火の壁」に手を突っ込み、可能性をまさに「いま」に持ってくることになります。何でも、可能です。あなたはすでにそのための可能性を創造しているので、いまはただ自分が体験したいものを選ぶだけです。それはすでにここにあるからです。

数えきれないほど数多くの生涯を過ごしたあなたは、選択と現実化のことを忘れてしまいました。そしてあなたは自分を信頼するのをやめました。選択しようとすればマインドから出てくるので、ぎこちなく感じられます。それに加え、あなたには催眠の覆い《オーバーレイ》があるため、カルマ、運命、宿命のようなものを自動的に選択してしまいます。あなたは怠け癖がついているのです、親愛なる友人たち。あなたはあなたの神性の自己責任を、他の誰かに、何かに任せて満足しています。そして自分の人生の愚痴を言います。私は強調しますが、それはもはや本当にあなたの人生ではありません。人間にはもうほとんど自由意志がないと私が言うのは、それが理由です。彼らはそれを引き渡してしまったのです。

この概念に取り組めば、あなたが選択するどんな可能性でも受け入れ、現実化するのがとても簡単なのが分かるでしょう。それはすでにそこにあります。それを表現し、体験したいのか、あなたが選ぶだけです。

過去を開錠する

次のテーマには私は個人的に強い関心を持っています。これから私たちは鍵がかかった、隠された過去の可能性を探っていきます。過去は途方もない量の愛を包含しています。過去は新しいエネルギーと絆を結ぼうとしていますが、その大半が信念体系と歴史の中に閉じ込められているのです。

歴史はすべて投げ捨てた方がよいでしょう。それはとても直線的なかたちで書かれているからです。このことはあなたの自分史および惑星の歴史にもあてはまりますし、さらには地球はこのように創造され、進化してきたとあなたが思い込んでいるすべてのことにあてはまります。あなたが知っていると思っているものは、ごくわずかな真実にすぎません。

あなたは自らの過去をのぞき込み、言います。「アダマス、私にはとても明確に確定した過去がありますよ」。まったく違います。あなたは言います。「でも、アダマス、これが私の写真です。生まれた時から昨日までの写真を見せてあげますよ。とても明確に定義されています」。あなたはごくわずかな過去しか見ていません。

過去の別の可能性は鍵をかけられました。つまり隠ぺいされ、極めて巧妙に葬り去られたのです。そのためあなたは本当のあなたを知ることなく、自分は一つのものだと思うようになりました。あなたがそれらを閉じ込めました。あなたはあなたの代わりに他人に閉じ込めさせました。そうやって自らをとても狭い帯域に規定してきたのです。あなたが自分だと思っているその人は、**本来のあなたではありません**。けれどおそらく、あなた方のうちの何人かの方にとっては喜ぶべきことでしょう。しかし、過去の可能性はまだ健在です。それはあなたが決してフォーカスすることのなかった現実の数々です。にもかかわらず、それらはあなたが現実にフォーカスしたものと同じくらいにリアルなのです。

過去の扉を見張っているドラゴンや悪魔がいます。あなたが彼らをそこに置いたのです。一つにはあなたを守るために、一つにはあなたが幻想を抱いているために、また一つにはあなたが過去にやって来たことへの慙愧《ざんき》の念から。私たちは過去に戻り、別の可能性の数々を訪れることにします。それはあなたの過去を変えるでしょう。必ずしも誰か他人の過去を変えるわけではなく、それはあなたの過去を変えます。その準備はできていますか？　ただし次を読むまでは、はいと言わないでください！

鏡の中に映る人物は、本当のあなたをよく描写しているとはいえません。私たちが過去に入ると、いまに至るまでの人間としてのあなたの目を通して見れば、幾分、見たくないものをあなたは見ることになります。別の言い方をするなら、一年前や二年前なら準備ができていなかったでしょうが、もうあなたには準備ができています。

あなたが進む道の一つひとつのステップにおいて、私はあなたと一緒にいるでしょう。それを私からあなたに約束します。

私と共にワークしている取り巻きがいます。私たちと繋がっており、現在地球に戻っているアセンションしたマスターたちがいます。私たちが絶えず繋がり合い、コミュニケーションを取っているあなたのアスペクトたちがいます。そして私は道の一つひとつのステップであなたと共にいるでしょう。あなたの代わりにやってくれとは言わないでください。私に答えを求めないでください。そういうことではなく、私はあなたと共にいます。

私から逃げ隠れしないでください。でも、あなたがそうするのを私は知っています。あなたが自分自身そして自分の行動をとても恥ずかしく思い、私がそこにいなければよいのにと思うときがあるでしょう。あなたは私はそこにはいないというフリをするでしょう。なので、あなたにとっては、私はそこにはいません。でも、私にとっては、私はそこにいます。

親愛なる友人たち、私たちは過去に入り私たちの未来を発見していきます。聞き逃していたらいけませんから、念のために繰り返します。あなたは過去に入り、あなたの未来を発見していきます。私たちは過去に入りとても活動的で、愛に溢れ、時に恐ろしいエネルギーを開錠します。もはやあなたの監獄に捕われずにすむように。私がクリスタルの中に十万年間いたと言ったら、あなたは笑いました。あなたはどれくらいの間、閉じ込められていましたか？　あなたの監獄とはあなたの過去です。あなたはその刑に服していたのです。

あなたが過去に入り、その一つひとつを開錠すれば、現在が変わります。過去が変わります。あなたの歴史の針路が変わります。すべてが変わります。あなたを驚嘆させるような、あなた自身に関するさまざまなことを発見するでしょう。

　この時点でアダマスは過去に入る体験、人生の「別の」可能性の数々を見る体験へとグループを導いています。これを個人的に体験したければ少なくとも四十五分間、邪魔されずにいられる静かな空間を見つけ、アダマスにその体験へと導くよう、明確に頼んでください。

未来と「いま」

これから私たちは未来とその数々の可能性に入っていきます。人類のために未来を創造するわけではありません。ポータルを活性化するとか、地球のためのイニシエーションを行うわけではありません。私たちは**あなたの**可能性の数々に入り、感じます。向こうの未来にあるあなた独自の創造物一式を見ていきます。あなたと一緒にこの旅に出るのを私は楽しみにしています。あなたが未来の可能性の数々に意識的になれるからです。

あなた方の中には、すでにそこにガラクタ置き場を持っている人がいます。中には自分の未来に対してあまりにも多くの怖れを持っているので、未来が止まっているように見える人もいます。通常の霊能者があなたの未来をのぞき込んだら、息を飲んで言うでしょう。「あまり長くはないでしょうね」。実際には長いのですが。向こう側にあまりにもたくさんの怖れの壁があるので、終わりのように見えるわけです。

あなた方の中には、過去の最悪のものを取り出して、それを未来に置いた人たちがいます。結果として何度も同じことを繰り返すことになるのは必至です。なぜでしょう？　そうですね、何度も繰り返せば違う結果が得られるかもしれないとあなたは思っているからです。しかしそうはなりません。同じ行動と信念を繰り返せば、同じ結果を得るのです。

中には、感じ取れる未来にはほとんど、または何もない人もいます。あなたは未来へと拡張し、創造するのを怖れています。間違ったことをしてしまうのではないかと怖れています。なので、そこには何もないように見えます。するとあなたに何が起こるでしょう？　あなたは運命や、他のすべての人たちの気まぐれに支配されることになります。自分のために創造していないので、他人があなたのために創造するわけです。中にはそれにかなり満足している人もいます。依存せずに自力で「創造者」になる代わりに、彼らのせいにできるからです。

私は物事をずばり言います。あなたがマインドに入り込んでいると私が思えば、あなたにそれを伝える権利をください。あなたが私や他の誰かからエネルギーを奪って《フィーディング》いると私が思えば、そう言わせてください。あなたの言うことがまったくくだらないと私が思えば、そう言わせてください。私は完全に敬意を持ってそうするからです。

一緒にワークしていく上で、あなたにいくつかお願いしたいことがあります。一つは、私が一つひとつのステップを、一瞬一瞬を、私があなたと共にいることを自覚していてください。あなたがプライバシーを求めれば、そうしましょう。けれど私はまだそこにいますよ。侵害することはしませんが、若干背を向けるくらいはしましょう。

未来と運命

未来は運命づけられているのでしょうか？　いいえ。しかし人間を調査すれば、およそ九十九・七パーセントの人間は、実際そのように人生を生きています。人々は自分のアスペクトに人生を動かしてもらいます。彼らは諦めています。だから**運命づけられる**のです。彼らは自らのカルマの道を辿り、それが起きるのを許容しています。彼らは言います。「これは私のカルマです」、あるいは「これが神の意志です」。正確にこのような言葉を使わないにしても、人々は自らの人生に対する責任を放棄しています。

彼らは魂が直線的に連続していくと信じていて、それに従います。また大衆意識の運命も信じていますが、それはとても分厚く、とても重いものです。選択をするということはとても簡単なことなのですが、そうは言ってもあなたの人生は変わります。そしてほとんどの人間は、本当にはそれを望んでいません。彼らは運命の人生を生きています。さらに彼らがとても強い信念体系を持っていれば、とりわけ宗教やスピリチュアルな信念体系を持っていたら、それが運命を創造します。彼らは天国への道や地獄への道があると信じています。しかも、自分がどちらの道にいるのかさえ分かっていません。

というわけで、ほとんどの人間は確かに運命を生きています。実際のところ、ほとんどの人間は運命を信じています。彼らは彼らの代わりに運命を選択しておきながら、決してゲームのルールを教えない、まったくくだらない神を信じています。マインドには確かに制限がありますが、立ち止まってこう言うのにさほど強いマインドはいらないのではないですか。「ああ、いったいスピリットは何を気にかけているというのだろう？　なぜ、神は私にこれだけのことをさせるのだろう？　何だって？　誠意を示すだって？　誰に対して？　何に対して？」。ロジックは変化しますし、何よりそれは理にかなっていません。まったく筋が通りません。しかしプログラミング、催眠、覆いはあまりにも強力なので、本来であれば優れた男性や女性たちを愚か者にしてしまうのです。

現実を創造する

あなた方の多くが訊きます。「私はなぜ自分が欲しいものを創造し、現実化することができないのですか？」。ああ、あなたは完全にしていますよ。するとあなたは言います。「でも、アダマス、それは最低(suck)だよ」。ええ、そうですよ。だから、あなたはここにいるのです。もうそこからエネルギーを搾取される(suck)

必要はないからです。あなたのエネルギーを表現する準備ができているからです。

意識的な存在としてあなたは意識にエネルギーを引き寄せ、あなたの創造物に生命をもたらすのです。あなたがそれを**引き寄せる**のです。本当の引き寄せの法則は、現実を創造する能力は、情熱と欲求から生まれます。どんな魂を持つ存在であっても、その核《コア》となる情熱は「セルフ」に帰ることです。あなたは絶対に、決して、その繋がりを失くすことはありません。中には心配する人がいます。「もし道に迷ったらどうしよう?」。それは本当にあり得ません。永遠に道に迷っているような状態を続けていくことはできますが、あなたがあなたの「セルフ」との繋がりを失くすことは、まずあり得ません。

魂の情熱とは、

1.「汝」自身を知ること
2.「汝」自身を表現すること
3.「汝」自身を進化させること
4.「汝」自身に帰ること

これらが、魂の情熱です。
あなた自身の魂の情熱を、少しの間、感じてみてください……。

それがあなたの現実を引き起こしているものです。私はいま、魂の情熱と欲求について四つの基本的な声明を与えました。それはさまざまな別の言い方で言葉にすることができますが、「汝」自身を知ること、「汝」自身を表現すること、「汝」自身を再び一緒にすること、「汝」自身をこれまで決して実現することのなかったレベルに移すことです。これらの情熱があなたの現実を創造するものなのです。世間一般に信じられている説に反して、あなたの思考が現実を創造するわけではありません。メンタルの思考にはほとんど、情熱がありません。だから、それらはほとんど、あるいはまったくエネルギーを引き寄せることがありません。

最近のギャザリング（集会）で、参加者の一人が部屋の前に出て質問をしました。ジェニファーは言いました。「アダマス、私の人生はどうなっているのですか？　私は失業しました。恋愛関係、子供たち、自尊心、人間関係、キャリアを失いました。すべて、失くしました。何がいけないのですか？」

私の答えは、「何も」。

あなたの現実を創造するのは、あなたの深い、内なるフィーリングです。あなたの思考ではありません。ジェニファーの場合、彼女は「スピリット」との繋がりを深く切望していました。何百という生涯で探し求めてきました。「スピリット」を知るためには、人生のすべてを処分しなければならないと彼女は思っていました。別の生涯で彼女はあまりに多くを持つことで、注意をそらしてしまいました。すなわち過剰な権力、過剰なお金、過剰な人間関係です。そしてある時点で心から「スピリット」を切望して、彼女はこう言いました。「二度と、しない」。そうあらしめよ。この生涯では彼女は美しさを保っていました。それが「スピリット」の美しさを彼女に思い出させるものだったからです。しかし彼女はそれさえも失う寸前でした。美しさですら「スピリット」を知る妨げになると感じたからです。

あなたがそのようにする必要はありません。あなた方の中には進化の過程で過激な手段を取った人たちがいます。自分の人間性は霊性の一部ではないと思い、極端に走ったのです。それはとても古い信念です。自分自身に帰れば、あなたは男性性と女性性、光と闇、人間性とスピリットを統合します。霊性を持つために人間性を破壊することはありません。それを一緒にするのです。それらは実際のところ、**一緒になりたい**のです。

ジェニファーは実際、パワフルな「創造者」です。注意をそらすのを回避するために、彼女はあらゆるものを人生から押し出しました。そしてこう尋ねたのです。「何がいけないのでしょうか?」。まったく何も。彼女は自分のために虚空《ヴォイド》を創造し、それにより「スピリット」を、彼女自身を知る機会を得たのです。

ここで質問に戻ります。あなたは何が欲しいのですか?　思い出してください。あなたは欲しいものを何でも、選ぶことができます。人間としての必要性のすべてが満たされながら、なお「スピリット」との深い、美しいつながりを持つことができるのです。

あなたは何が欲しいのですか?

最大の課題は、一つには、あなたが何が欲しいのか、分かっていないことです。見当がつかないか、そうでなければ欲しいものが毎日変わります。あなたは一生をかけて自分が欲しいものを見出そうとします。ある日はこれで、別の日はあれです。欲しいものが分からないので、落ち込み、取り乱し、フラストレーションを感じます。自分はこれが**欲しいはずだ**と思うあれこれに惑わされています。あなたはいろいろなワンパターンに入り込み､罠にはまります。つまりあなたはある日は「これ」が欲しくて､次の日には「あれ」が欲しいからです。ある日のあなたの優先事項は人間としての必要性ですが、次の日になるとスピリチュアルな必要性が優先されます。**あなたは何が欲しいのか、分かっていません。**

グッド・ニュースは、**あなたはまさしく、いるべきところにいます。**深呼吸をして、あなたがこれに関しても、つまり自分が欲しいものが分かっていなくても、まさしく、いるべきところにいることに対して、神に、すなわちあなた自身に感謝してください。

これはジレンマのように思えるかもしれませんし、素晴らしい一日を台なしにするかもしれませんが、完全にふさわしいことです。なぜでしょう。なぜなら、あなたはメタモルフォーゼ（変態）をくぐり抜けているからです。ただの人間から神性の、悟りを得た人間になるための変化を。あなたはこれまで千回以上の生涯を送ってきたかもしれませんが、これはあなたが地球上の転生でくぐり抜けてきた変化でも最大のものです。

あなたは途方もない移行をくぐり抜けています。もはや制限された人間の必要性を抱えるただの人間ではなく、神性を、内側の神を、いまあなたの人生に統合させようとしています。この瞬間に人間と神性を統合させてあげているのです。もはや単なる哲学ではなく、単なるいくつかの言葉でもなく、月に一度勉強会に行っても自分の世界に戻ると忘れてしまうようなものではありません。あなたは現実に本当にそれをやっています。

したがって、この統合のプロセスではあなたが欲しいと思ってきたすべてのものが不明瞭になり、混乱状態になります。重要だと思っていたすべてのものに関して、あなたにはもう確信が持てません。どんな未来のゴールも突如として、あまり意味を持たなくなります。情熱だと思っていたものが、突然エキサイティングなものではなくなります。それは明日になれば間違いなく変わっています。でもそれは良いことです。本当です。あなたには何も問題はありません。

膨大な量の創造エネルギーが、現在あなたのもとへ届いているため、人間の欲求と必要性を抱える一方で、あなたはさまざまなレベルでインスピレーションを受け取っています。それは混沌のように見えますが、前に私が混沌について話したことを思い出してください。本当はそうではありません。機織《はた》り機を見ている時のように混沌として見えるだけです。下から見れば混沌のように見えますが、表を見ればそれは美しいタペストリーなのです。

あなたの人生は、移行、変容、錬金術の状態にあります。自分がまだ、何とかやっていっているのにお気づきですか？ 言い換えれば、あなたは壊れていません。あなたは壊れてしまうと思っています。いつ壊れてもおかしくないと感じています。夜、眠りにつく前にあなたは言います。「今日は壊れなくてよかった。明日になれば壊れてしまうかもしれないけれど、少なくとも今日は切り抜けた」。でもあなたが**壊れることはありません**。

ほとんどの人間にはゴールや計画があります。それは彼らをA地点からB地点に連れていきます。そこに到達すると幾分ホッとして、今度はB地点からC地点に行きます。興味深い現象です。彼らはゴールを使うことで一つのステップから次のステップ、また次へと移っていきます。あなたはまさにそうやって人生を生き延びてきました。

若い頃、学校生活を乗り切るためにあなたはゴールを持ちました。それからキャリアと家庭を持つゴールに移りました。次々にゴールを持ちました。たったいま、あなたにはゴールがあります。それが何であれ。ひょっとすると、このセッションの残りの時間を乗り切るというだけかもしれませんが。

さて、少し身を引いてみてください。それはずいぶん制限のある生き方ではないですか？　あるいは怖れに満ちた生き方であるとまでいえませんか？　少なくともあまり満たされない生き方ではないでしょうか？　ほとんどの人はそのように生きています。以前はあなたもそういう生き方をしていたのですから、そんなに笑わないでください。

では訊きます。「あなたは、何が欲しいのですか？」。あなたが感じられるように、少し扇動しましょう。あなたが自分はこれが欲しいと言えば、私は異議を唱えますよ。あなたは何か欲しいものがあると思っていますが、実際にはそれが何なのか、あなたには分かっていません。それはでも、完全にＯＫです。

それでは、この美しいエネルギーの中で少し時間を取り、なるがままにさせましょう。

あなたのゴールを解き放ってください。
あなたの欲求を解き放ってください。
古い期待を解き放ってください。
それはすべて、もう変化するからです。すべてが変化していきます。

情熱

こう反論する人もいるでしょう。「私は何が欲しいのか、**本当に分かっていますよ**」。しかし私は異議を唱えます。いいえ、あなたは、本当は分かっていません。それに対して、あなたは心穏やかでいられますか？

あなたはいずれは何かを「欲しがる」ことを超越します。それどころか、深い、意味のある情熱を持ちます。それと共に明確さ《クラリティ》を持ちます。明確さは、あなたがどのように自分の現実を創造してきたかを理解させてくれます。あなたは自分のために**情熱**を持ちます。自分への激しい、表現する愛を持ちます。その時点から先は、本当にどうでもよいのです。本物の魂の情熱があれば、本当に問題ではありません。もはや**問題にする必要**はありません。それはただ、そうなのです。あなたは欲求を超えて情熱に入ります。情熱とは「アイ・アム」を真に理解していることです。

新しいエネルギー

他にも、こんなことが起こります。この数カ月の間にすでに経験している人がいますが、これはとても重要な点です。あなたは新しいエネルギーを人生に招き入れました。神性を人生に招き入れました。前にも説明したように、古いエネルギーは「故郷」に戻りたいという情熱から創造されました。そしてそれ以来、あなたの意識はエネルギーを使って現実を創造してきたわけです。

いま、新しいエネルギーは「故郷」があなたのもとへやって来ているため、神が、すなわちあなたがあなた自身に帰るため入って来ます。それが新しいエネルギーです。それは振動するものではありません。それは拡張するものであり、同時にあらゆる方向へ入っていきます。それは古いエネルギーのようには見えず、作用せず、そのように感じられませんが、あなたの一部はそうあってほしいと思っています。あなたは新しいエネルギーを古いエネルギーの表現で定義したがります。新しいエネルギーとは古いエネルギーをもっとパワフルにしたものだとあなたは思っていますが、そうではありません。それは完全に違うものです。

新しいエネルギーは人間と神性が統合したことによる副産物です。それは天界の領域にいる者にとってさえ、初めてのものです。天使たちは地球上で起きていることに大いに関心を持っています。なぜなら「地球にいる人間たちに起こることは、創造のすべてにも起こる」からです。だから彼らは非常に興味を持って、新しいエネルギーがどのように作用するかを見ています。

物事がどうも不調である、少し頭が混乱している、**ものすごく**頭が混乱している。率直に言いましょう。物事がなぜいま、本当に逆さまになっているかと言えば、こうです。すなわち、新しいエネルギーがここにあるからです。それはここ地球で、あなたの人生に統合されます。いまそれはあなたを探っています。あなたの感情を探っています。なぜなら統合のプロセスにおいて、あなたがどこから来たのか、あなたが何で成り立っているのかを理解する必要があるからです。あなたの人生でどのように機能すればよいのか、それは知りたがっています。あなたと闘いたいとは思っていません。どうやって、あなたの人生の一部になればよいのかを知りたがっています。それはあなたが永遠ともいえる時間、探し求めてきた神性のエネルギーです。そしてそれは、ここにあります。それはあなたを精査しています。

それはあなたのものです。エイリアンの探査機ではありません。それは全然違うものです。外からの押しつけがましいエネルギーではありません。しかしそうは言っても、このすべてをどう定義し理解すればよいのか、まだ分からない人たちがいます。そういう人たちは自分がエイリアンに遭遇したと思うわけです。そうではありません。彼ら自身の新しいエネルギーが探りにやって来てこう訊いているのです。「何があなたを動かすのか?」

新しいエネルギーは、地球に、あなたのもとにやって来つつあります。目の前の皿で終わるわけではなく、あなたの中に入って来ます。あなたはそれを感じるでしょう。それはあなたのあらゆる部分を探っています。あなたのマインドがどのように作用するのか、あなたのロジックがどう作用するのか、理解したがっています。それは、肉体に入ります。あなた方の中には最近、その反作用《リアクション》を経験した人たちがいます。あなたは怪訝に思います。「私の身体に何が起きているのだろう?」。それが入って来るのをあなたが感じているからです。それはあなたのあらゆる部分へと融合しています。

それが特に敏感な場所に達し、いまだにとても傷つきやすい記憶や傷に触れると、あなたはそれを感じるでしょう。そのようなフィーリングが突然、表面に浮かび上がってくるので、あなたはこう言います。「なぜ、これが急に出てきたのだろう?」。おそらく今日までのあなたならこう言ったでしょう。「神はどんなレッスンを私に教えたいのだろう? スピリットは私に何を教えようとしているのだろう?」

何も。それは新しいエネルギーがあなたという人を理解するために、あなたの人生を精査していることへの反応です。それはどうすればあなたと一緒に生きていけるかを理解したがっています。

それはあなたが創造したものですが、この現実に来たことはありません。それはあなたを発見したがっています。そしてそれにより、あなたは自分自身についてあなたが知らなかった、いくつかのことを発見するでしょう。

さまざまな可能性

さて、あなたはいま「目覚めのゾーン《アウェイクニング》」にいて、こう言います。「次は何か？」。とても良い質問です。「次は何ですか？　それはすごいことです。興味深いことです。でも私はこれから先、どこへ行くのですか？」

あなたはあなたのさまざまな可能性に入っていきます。可能性は実は未来にあるわけではありません。そのように聞こえますが、そうではありません。当面の体験の外にあるどんな可能性でも、すでにまさにここにあります。実際に可能性を想像している人はほとんどいません。彼らは運命を待ちます。つまりこれまで問題だったのは、一つには想像力の欠如でした。あなたは想像力ではなく分析的なマインドを頻繁に使います。マインドには制限があるので、最も壮大な可能性の数々を取り除いてしまうのです。

すぐここにたったいま、驚くべき可能性の数々があり、あなたの「次は何か」のために利用できる状態にあります。古いエネルギーと呼べるものもあれば、非常に新しいエネルギーと呼べるものがあります。それらのフィールドからあなたは選択するわけですが、ほとんど無制限にあります。

あなたが脳を使ってそこに達することはできません。それはうまくいきません。より正確にいえば、物質の領域を超えたものは脳には理解できないのです。そこが、イマジネーション（想像力）が鍵となるところです。イマジネーションは飛翔します。それはこの上なく自由で、邪魔されることがありません。実際それは3D（三次元）の人間の次元を超えていくのを楽しんでいます。

可能性を探るときはそれらを考えないでください。判断せずに探ってください。それらをしっかりと感じてください。何年もの間、トバイアスはあなた方に、思考に対してのフィーリングについて話してきましたが、あなたはそこに用心深く足を踏み入れたくらいでした。いま、そこに飛び込んでください。失うものはあまりありません。本当に、すべての、あるいはあなたが好きなだけの可能性を、自らに**感じさせて**ください。

フィーリングはどんな**感じ**がするのでしょうか？　それは頭に圧力や緊張を引き起こすものではなく、ハートが共鳴するものです。フィーリングはあなたの「意識のボディ」で感じられる体験です。一方、思考はマインドにしか届きません。フィーリングは満ちていますが、それに対し、思考は比較的平坦です。感じている時はあなたには分かります。振動のうねりが頭から背骨を通って、つま先まで流れるからです。あるいは胸とハートが拡張するのを感じるからです。

あなたのさまざまな可能性が、たったいまあなたの周りを泡のように漂っているのを想像してみてください。自分を拡張させてそこに出入りしてみてください。それらを感じてください。いまは何も選択する必要はありませんから、それを感じることを怖れないでください。それはドラマチックな感じがしますか？　良い感じがしますか？　あなたのように感じられますか？　その多くが、ある意味で薄っぺらで古いものに感じられるでしょうが、可能性の周りを漂っていくうちに、ふと何かが共鳴します。何かがただ、ピンときます。これだと、ただ、感じられます。それは紛れもなくエキサイティングなものではないかもしれませんが。あなたは頭から足まで振動のうねりを感じます。それを愛のうねりと呼ぶ人もいます。いまあなたはフィーリングの中に入っているのです！

エネルギー危機

地球にはエネルギー危機があります。それはそもそも、意識が使うエネルギーが始まりです。つまり意識、あなた、人々が「フィールド」から引き出すエネルギーのことです。この非物質のエネルギーを引き出すための古いやり方が変化しています。世界が変化しているのは、それが理由です。

象徴的な意味において、世界は古いエネルギー燃料源を使い果たしています。太陽光《ソーラー》や風力で試している人たちがいますが、そのような解決策は大きな傷口に巻いている包帯と一緒で、人類への答えにはなりません。それらは気晴らしです。世界はあらゆる面でエネルギー危機に直面していますが、グッド・ニュースはそのことが人類に別の手段に目を向ける動機づけとなっていることです。

前回のメッセージで言いましたが、メキシコ湾の石油掘削施設から流れ出た石油（脚注：二〇一〇年四月にメキシコ湾でＢＰ社の石油が流出したこと）が短期間の環境問題を引き起こしていますが、それが本当にもたらしているのは気づきです。エネルギーを得るために、地面に穴を開けるのをやめる必要があるという気づきをもたらしているのです。それは未来への答えにはならないからです。たったいまエネルギーは私たちの周囲の至るところに中立の状態で存在しており、この部屋には世界中の大都市に電力を供給するのに十分なエネルギーがあります。それは大気中、水中、身体の中にあります。しかし、活用されていません。そんなものは存在しないと思われていますが、存在しています。言うまでもありませんが、一時は世界は平らだと考えられていたのです！

ちょっとやってみましょう。楽しんでみましょう。この世界のためのエネルギーの可能性の数々を、感じてみましょう。

始める前に、但し書きを付けたいと思います。仮に二〇一三年に新しいエネルギー源が発見される強力な可能性が現れると考えてみましょう。それは人間の日常生活の社会基盤《インフラストラクチャー》に劇的な影響を与えるでしょう。自動車、溶鉱炉を作る人たち、エンジンを製造する企業、石炭を掘り、石油をくみ上げる人たちは失業することになります。新しい燃料エネルギーはとても強力です。極めて強力です。それが間違った人の手に入ればどうなるでしょうか？

関連する問題が、表面化します。ええ、新しい燃料エネルギーという概念には驚異的な響きがあります。新しい燃料エネルギーは発見されますが、それがもたらす影響も理解してください。とはいえ、あなたは理解しているでしょう。それを体験していますから。すなわち、自らの新しいエネルギーを「意識のボディ」に加えることでもたらされる影響です。それはあなたの生き方を変えます。同様に、新しい燃料エネルギーは世界の人々の生き方を変えることになるのです。

新しい燃料エネルギーの可能性を探ってみましょう。それらの可能性は常にそこにありました。人々が見ていなかっただけです。隠されていたわけではありません。ただ、気づかれなかっただけです。なぜなら、気づきが制限されていると本物の可能性を見ることはないからです。

では、旅に出かけましょう。すべての可能性がたったいま、私たちを取り囲んでいます。

可能性を促進する《ポテンシエイト》、すなわち可能性を探るのはアートです。科学ではありません。そのためには練習、技巧、信頼、思いやりが必要です。可能性を促進する際は、マインドを超えるからです。新しい燃料エネルギーについて考えるわけではありません。新しい燃料エネルギーを見ようとするわけではありません。あなたはそれを体験するのです。それを感じるのです。ハートの中でうねらせるのです。身体の中で振動し拡張するのを感じるのです。そこに感情が伴うこともありますが、思考ではありません。私たちは何も分析しようとはしません。

新しいエネルギーは、どのように**感じられ**ますか？

目を閉じても構いませんし、開けていても結構です。あなたが選んでください。私は可能性を促進するときにハミングするのが好きです。考えずに、感じる助けになるからです。

新しいエネルギーは、どのように感じられますか？

地球のための新しい燃料エネルギーの歌を感じてみてください。

それは、どのように感じられますか?

少しダンスしてみてください。

それと共に呼吸してください。

新しい燃料エネルギー……

可能性を促進するとき、あなたは考えていません。感じていれば、あなたは引き寄せています。あなたはこの可能性を招集しています。明確さへともたらしています。

この惑星は新しい燃料エネルギーへの準備ができています。二十年前にはできていませんでした。欲求と必要性という美しい組み合わせがあります。いまそこに、可能性の促進者、あなた、可能性をしっかりと感じられる人が現れました。これが、引き寄せの法則の本当の意味です。何かをメンタルで強制することではありません。それを感じることなのです。あなたが可能性を感じ取り、あなたにとって正しく感じられる可能性の共鳴を感じられれば、文字通りあなたはそれらを人間の現実に引き寄せます。

可能性は目に見えない種のように、植えられるのをただ待っています。それらは気づきと選択で植えられます。そしてこの現実に芽を出し、開花します。

可能性の促進は個人レベルでも、地球規模のレベルでも作用します。あなたが誰かに押しつけるわけではありません。しかしひょっとすると一人の科学者が真夜中に目を覚まして、怪訝に思うかもしれません。「**そんなアイデア**がどこからやって来たんだろう?」。それから新しい燃料エネルギー源の開発に取りかかります。それはいったい**どこから**出てきたのでしょう? もしかすると、まさにここから始まったのかもしれません。

第9章　主権性

私はある生涯でアトランティスの寺院にいたことがありますが、そこでの私は注意散漫な奴隷の少年でした。ある日、あなた方の多くがトランス状態でチャンティング（マントラの詠唱）している神聖な場所に、私は誤って入っていきました。トランスの儀式に足を踏み入れたその瞬間、強烈なサイキック・エネルギーにより私は別の次元に運ばれてしまいました。まるで魔法をかけられたかのようです。もちろん、それがあなた方の意図したことでないのはよくわかっていますが、私は十万年間エネルギー的なクリスタルに閉じ込められました。あらゆる手段を使って抜け出そうとしましたが、すべて失敗に終わりました。私は生きても死んでもいませんでした。私は私の信念体系に、クリスタルの墓に埋葬されたのです。

私は力と意志のすべてを使ってそこから脱出しようとしましたが、墓をさらに強固にしただけです。それから、何気なくこの魔法をかけてしまったあなた方全員に呼びかけ、そこから出してくれるように私は懇願しました。しかしあなた方には聞こえませんでした。実際のところ、あなた方は私に起こったことに気づいてすらいませんでした。それから私は死にもの狂いで神に許しを請い、クリスタルの墓から解放するように祈りました。神の同情を引くのに失敗した私は、十万年間拘禁状態にありました。

それは想像もつかないくらい最悪の悪夢でした。最終的に、十万年経った後に私はすっかり完全にサレンダーし（身を委ね）ました。抵抗することなく、努力なしに。自分自身の死だけです。

その完全なサレンダーの状態で、私は私が手に入れることのなかったあることを理解しました。それはあまりにもシンプルなのでいまでも口にするのは恥ずかしいのですが、あなたにはシェアします。私が自分自身を陥《おとしい》れたものが何であれ、そうであれば私はそこから出ることができるはずだと、ふいに気づいたのです。

それは、あなた方が私をクリスタルの墓に入れたのではなく、私が自分自身をそこに入れたのだと理解することでした。それくらいシンプルなことでした。神が何らかの懲罰を与えるために私をそこに置いたわけではありませんでした。私がそれを創造したのです。私だけが私の創造物に責任があると気づいた瞬間、自分の現実の創造を解くのはとても簡単でした。

いったん自分自身を解放すると、私は自由でクリアな状態で地球に戻り、数多くの転生を重ねました。もう二度と幻想の墓に捕われたりはしないと私は決意しました。比較的現代になると、私は数多くの「ミステリー・スクール」を展開し、このまさに同じ基本的原理を教えました。すなわちあなたが自分を陥れたものが何であれ、あなたをそこから出すことができるのはあなたであり、あなたしかいないということです。

あなた方の多くは「ミステリー・スクール」の生徒でした。あなたは主権性の原理は理解していましたが、どういうわけか分離という幻想、答えを探し求める幻想に戻ってしまいました。いまでもあなたは内側に、実に多くの幻想を抱えています。

あなたがたったいま生きている最大の幻想の一つが、あなたが「ワンネス」の一部であるというものです。あなたは魂の旅のある時点で「ワンネス」に帰ると信じています。いいえ、残念ですがあなたが「故郷」に帰ることは、決してありません。

その物理学はとてもシンプルです。「故郷」はもうありません。「ワンネス」はもう、ありません。あなたが「ワンネス」から誕生し、主権性の可能性を与えられ、自分の力で完全な「創造者」になる可能性という贈り物を与えられたのに、それがまだあるというのでしょうか？　なぜ、あなたは帰りたいと思うのでしょうか？　それは創造の趣旨そのものに、なおかつ、これまであなたが学んできたすべてのことに反しています。

あなたの魂の最初の質問は、こうでした。「私は誰なのか？」。あなたの旅はいくつもの冒険にあなたを連れ出し、あなたはそれにより自らを知り、定義しました。なぜ、大きく退屈で、均一な「ワンネス」に戻りたいなどと思うのですか？

いいえ、それどころかあなたは、**自らの**「一なるもの（One）」になります。完全に主権性を持ち、自由で、独自の神になるわけですが、ここに問題があります。あなた自身の「ワンネス」においては、あなたはもはや人間の意識と繋がり合うことはありません。あなた自身の「ワンネス」においては、あなたはいわゆる「神」と繋がり合うことはありません。あなたは「フィールド」、つまりエネルギーの貯蔵庫の一部ではありません。マトリックス（母体）の中で巧みに画策するわけではありません。あなたが誰かの、何かの世話になることはありません。私が私自身の「一なるもの」であるのと同じように、あなたはあなた自身の「一なるもの」なのです。

私自身の「一なるもの」として、私は私が選ぶどんなかたちでも自由に旅をし、体験し、創造します。私自身の「一なるもの」として、私は他のすべての存在に対して思いやりを持ちますが、彼らを救出するのは私の義務ではありません。すべての宇宙や次元にあるエネルギーの流れを変えたり改めることは私の義務ではありません。人類を救うことは私の義務ではありません。なぜなら私自身の「ワンネス」において、私は魂を持つ他のすべての存在の旅を理解し、尊重しているからです。

主権を持つ存在として、私は私自身のあらゆる部分を統合しました。過去、現在、未来を。もはや、神や「スピリット」の概念はありません。なぜなら私は、内側に「スピリット」を体現したからです。私はそれを探求するのではなく、体験します。私自身の「ワンネス」においては、抵抗はありません。葛藤はありません。ゴールはありません。目的はありません。「アイ・アム・ザット・アイ・アム（我は我たるもの）」。

私たちは譲れない一線を引く地点に来ています。あなた方の中には私に腹を立てる人がいるでしょう。私が伝えようとしていることを理解する人もいるでしょう。たったいま、眠りの状態に入っている人もいるでしょう。なぜならこのメッセージはあなたをどこか別の場所に送り出しているからです。

これはあなたがあなた自身の「一なるもの」、主権を持つ存在になるための招待です。もとに戻ろうとせず、他の人間や天使に依存するのをやめ、犠牲者でいるゲームをやめるための。

ええ、確かに私たちは皆、同じ源《ソース》から来ていますが、源からあなたへの贈り物とは、あなたがあなた自身の源になることでした。私からあなたへの招待は、他のあらゆるものに依存しているあなたと、主権を持つ存在である「あなた」を隔てている線を越えるというものです。

あなたを押しとどめるものは何でしょう？　ドラマです。線の向こう側には、ドラマはありません。線の向こう側では他のすべての人を助け、救出する必要はありません。これ以上、学ぶものはありません。しなければならないことは何もありません。クリアすべきカルマはありません。人生の使命はありません。主権性にはドラマはありません。

私は壮大な「アセンションしたマスター」として、完全に統合された存在としてあなたのもとにやって来て、「あなたもまた神である」と教えています。あなたは主権を持つ存在であり、もうそれを思い出す時です。

自分は他の人間を助けるためにここにいるのだ。そう言ってあなたが自分の存在を正当化しているのを、私は知っています。しかし主権性を否定する言い訳として、それは許容できるものではありません。いつになったらあなたは瞑想をやめるのですか？　あなたはグルたちに酔いしれていませんでしたか？　おなじみの古い儀式に疲れていませんか？　何年もかけてあなたが収集してきたヒーリング用のクリスタル、聖なるペンジュラム（振り子）、エジプトの魔法の棒、粉末の白金、祈りのグループのリスト、聖なる水、魔除け、護符、そのようなあらゆる道具立てをいつになったらクローゼットや引き出しから片づけるのですか？　加えて聖書、お香、ヒーリング・ストーン、醸造パウダー、別の生涯から持っている錬金術の窯があります。このリストだけで宗教が始められるほどです。

これから他のゲストたちがスピーチをしますが（脚注：アダマスは三百五十パーソン会議というスピリチュアルの会合にゲスト・スピーカーとして参加している）、彼らには用意してきたメモ書きを大胆にすべてビリビリに破き、子供ではなく成熟したスピリチュアルな存在としてのあなたに話しかけてほしいですね。彼らには準備してきたメモ以上のことを話してもらいたいと思います。なぜなら彼ら一人ひとりは、あなたが何者なのか、知っているからです。彼らはあなた同様、自らの幻想という墓に捕われています。あなたもあなたの教師たちもこの幻想を打破しようとしていますが、とても不自然で、うわべだけのくだらない教えを考え出しては何とか脱出しようとしています。あなたはあなた自身から注意をそらしているのです。

教師たちへ、あなたの最高の真実を話してください。以前、教えたことは教えないでください。今日、このグループに新しいものを教えてください。それはカウルダー（ジェフリー・ホップ）、リンダ、他の皆にもあてはまります。スピリチュアルな存在たち、ここの椅子に座っている人間たち、あなた自身の創造に責任を持ってください。あなたがあなたの幻想の墓を創造したこと、単に選択するだけでそこから抜け出せることを理解してください。

確かに、この惑星地球は現在の救急治療室です。あなた方の中には医師や看護師を演じようとする人たちがいますが、それはまるで病人が病人を治療するようなものです。あなたがあなたの主権性を受け入れ、支離滅裂な「ワンネス」のようなものに戻るという幻想を手放すまでは、実際、あなたは問題をさらに悪化させることになります。

あなたが自分は主権を持つ存在であることを受け入れれば、創造がどのように作用するかを理解します。世界がなぜ現在のような状態にあるかを、あなたは理解するのです。あなたは、現在、人類が重要な決断を迫られていることを理解します。すなわち、地球が現在のように意識の墓にとどまるのか、それとも新しい意識と新しいエネルギーへと拡張するのか。

人間は、自分を導いてくれる誰かを探していますが、グルは欲しくありません。古いエネルギーの教師は欲しくありません。彼らをコントロールし、操る教師は欲しくありません。あなたを見てあなたが主権を持つ存在であり、存在するために他の何か、誰かに依存していないことを彼らは知りたいのです。あなたが古代の儀式を行っていないのを彼らは知りたいと思っています。なぜならこれは古代のことではないからです。**この時代**のことだからです。率直に言って彼らはこうした、いわゆるチャネリングというものを見たいとすら、思わないでしょう。それさえも完全な真実ではないからです。彼らは、あなたが**本物**《リアル》なのか、あなたもまた神なのか、あなたがあなた自身の「ワンネス」を受け入れたのかを知りたがっています。

人間は祈りながら、夢の中で、涙を流しながら叫んでいます。彼らの叫びは私が十万年間クリスタルの墓で叫んでいたのに酷似しています。自らの「ワンネス」へと移行する上で彼らは導きを、インスピレーションを、洞察を求めて叫んでいます。彼らはあなたが偽物ではなく本物なのか、主権を持っているのか、あなた自身の監獄から自由になったのか、知りたがっています。

あなたは自らを統合するためにここにいます。世界の他のこと、宇宙のこと、家族のこと、その他のすべてを忘れてください。ここにいて自分に対してリアルであってください。ここにいて自分自身と恋に落ちてください。ここにいて、以前であれば決して探求することのなかったやり方で自分自身を知ってください。そして、ここにいてあなたがあなた自身の「一なるもの」であることを理解してください。

あなたはすでに完璧です

すべてが、**すべて**があなたの内側にすでに含まれています。「故郷」「すべてであったもの」「神」を去った時、あなたはすでに、必要とすることになるあらゆるもの、あらゆるツールを持っていました。どんな質問に対する答えも持っていました。あなたは内側にすでにあらゆる能力を備えていました。ですから獲得すべきものは何もありませんでした。不完全な部分、失った部品はありませんでした。繋がりを取り戻さなければならないソウルメイトはいませんでした。すべてはすでにそこにありました。一つあなたが発見したいと思ったのは、それを個人的にどう生かせばよいのか、それを体験するのはどんな感じなのかということでした。だからその旅は不完全な断片に関することではありませんでした。自分自身に体験させてあげるということだったのです。「汝」自身の内側から「汝」自身を知ることでした。あなたはあなたという存在なのです（You Are That You Are.）。それはすでに内側にあります。

私たち、別の領域にいる存在が人間とワークする上で最大のチャレンジは、一つにはあなたがまだ何か見出していないものがある、不完全な部分がある、あなたに価値があることを証明させようと「スピリット」が迷路や障害物コースのようなものを提示しているのだという考えを克服させることです。まったくそうではないからです。それはすでにそこにあるのです。

「アイ・アム・ザット・アイ・アム」の本質を十分に感じてください。「アイ・アム・ザット・アイ・アム」を吸い込んでください。それを吸い込み、その完全性を、全体性を感じてください。それはすでにそこにあります。

ここで私が言っているすべてのことを、実はあなたはすでに知っています。私はすでにそこにあるものをあなたに思い出させる手助けをしているのです。あなたは創造のすべてにおける物理学、数学、スピリチュアル・エネルギーに関する情報をすべて、すでに知っています。大切なのは自分自身を信頼することです。「アイ・アム・ザット・アイ・アム」を吸い込んでください。

さて、当然ながらあなたは数多くの障害物を配置してきましたし、数多くの信念体系により、あなたがすでに本当に知っていることとあなたの人生の間に障壁《バリア》を作り出してしまいました。私たちはそのうちのいくつかを解放する手伝いをしています。

エネルギーの管理

あなたが船の船長なら乗務員を管理しているでしょうか？　彼らに何をすべきか、どのようにすべきか、いつするのか、それをすることでいくら支払われるのか伝えるでしょうか？　はい！　素晴らしい答えです。なぜなら、ここでは重要な原理が働くからです。あなたはたくさんの乗務員を抱えた船長なので、あなたが何を期待するかを明確にしなければ、乗務員たちの反乱を抱えることになります。ですから、あなたのリーダーシップと期待に関して、とても明確にしておく必要があります。彼らに詳しく説明して、仕事をやらせるのです。

船上の人たちすべてに、あなたが船長であることをはっきりと明確にすべきです。あなたが采配を振るい、責任を取るのです。

さて、質問ですが、自らの船、すなわちあなたの身体、マインド、魂、過去のアスペクト、あなたのあらゆる部分の船長として、あなたはコントロールを行使しますか？　いいえ、そうはしません。なぜならそれはすべて**あなた**だからです。あなたの内部には他の人間はいません。彼らのアジェンダや欲求が、あなたからパワーを奪うことはありません。これはあなただからです。あなたが自らの船の船長です。あなたが上司です。あなたが主権を持つ存在なのです。

あなたはあなた自身の別の部分とのコミュニケーションから外れてしまいました。これまでなされてきたやり方ゆえに、あなた自身の別の部分はあなたを敬っていません。あなた自身の別の部分はかつてのようにそうしたがってはいるのですが、あなたを敬っていません。**あなた**はもはや、自らを信頼していません。なので、あなたは自分自身、そしてこのあなたの別の部分に対する恩寵《グレース》を本当に失くしてしまいました。あなたのマインド、身体、そして間違いなくスピリットとのコミュニケーションの多くが遮断されたのはそれが理由です。あなたは自分自身への信頼を失くし、このちっぽけな存在へと隔絶され、本当のあなたを信頼しなくなったのです。

最初の犠牲者は当然ながらあなたのスピリット、あなたの魂です。あなた方の中でこのように言う人がいます。「私は、故意に本来の私を忘れたのだ」。まさか、本当ですか？　故意に忘れたのですか？　あなたは本来のあなたを**忘れたかった**のですか？　誰がそう言ったのですか？　あなたはなぜ、それを信じているのですか？

自分自身への信頼とコミュニケーションを失ったために、あなたはあなたのスピリットとのどんな種類の繋がりも失くしてしまいました。それはまだ、そこにあります。常にありました。でもあなたはそれと、あなたのあらゆる部分とコミュニケーションを取るのをやめてしまいました。あなたは身体を信頼していません。あなたはマインドを信頼していません。あなたはあなたのスピリットが何なのか、さっぱり分かっていません。長いことあなたは探し求めてきましたし、それはある意味、楽しいゲームでした。「スピリットを探しに行こう」。どこに探しに行くのですか？　それは**あなた**です。あなたは言います。「でも私が？　スピリットですって？」。まったくその通りです。あなたこそが、信頼に欠けているために自らとのコミュニケーションを失くした「スピリット」なのです。

あなたが、自分自身とのコミュニケーションを失くした自らの船の船長です。あなたは神とスピリチュアリティについて限定された考えしか持っていません。神に対してあなたが持つ古い概念は、時に天使たちがあなたとワークするのをとても困難にしています。

神に対する私の定義は、実際特異なものではありません。天国にいて、腹を立て、髭を生やしている白人の老人ではありません。それは誰かの神ですが、あなたの神でないことを私は願います。

神が、過去の可能性が蓄積したものだとしたらどうでしょうか。すべてであったもの、またすべて可能であったもの、そして未来の可能性のすべてと、そうあるかもしれないすべてであったなら？　神がこの瞬間以外のすべてであるとしたら？　あなたがこの瞬間の神であるとしたら？

可能性、すなわちあなたが体験したこと、しなかったこと、これから体験することとしないことのすべてを含めて、それが神だとしたら？　そして、「また神であるあなた（you as God also）」がこの現在の瞬間にエネルギーを引き込み、この瞬間に体験のためにそれを現実にもたらしているとしたらどうでしょうか？

あなたのあらゆる部分、あなたの身体、マインド、スピリット、アスペクト、内なる神、神性、体験された、そしてされていないあらゆる可能性、これからのあらゆる可能性は、本当にあなたに奉仕したいと思っています。それはあなたなのです。

自分自身を信頼して手放してください。完全に手放してください。手放すと何が起こるでしょう？　**本当に**恐ろしいことです。実際のところあなたがこれまでしてきたことで、一番恐ろしいことです！　それはあなたを引っくり返してしまうでしょう。あなたの意識を揺るがし、震動させるでしょう。何かが整合しなくなると、それがいかに震動し、揺らぐかご存じでしょう。あなたの車がうまく調整されていない状態で、ある一定のスピードまで達すると、車は震動し、揺れ動きます。あなたはどうしますか？　スピードを落としますか？　加速して、呼吸しますか？　そうです！　深呼吸をして、手放すのです。手放せば、加速します。ブレーキをかけると減速し、制約され、流れがストップします。あなたはそれを手放すのです。

あなたの人生は変わるでしょうか？　はい。変化はこうあるべきだとあなたは定義しようとするでしょうか？　あなたは間違いなく変化を**定義しようとします**よ。しかしそれは構いません。それはあなたが予期するようには起こらないと、あなたが知っている限りは。さて、あなたは手放します。これはエネルギー一〇一（脚注：初級講座）です。私たちは以前にも話しましたし、あなたはそれについて考えてみたことがあります。しかし問題はあなたがそれを生きていないということです。あなた方の中にはかなり前進した人たちがいますが、いま、私たちはそれを生きていきます。「セルフ」へのあの完全な信頼の場所に生きるのです。

それはあなたの課題を浮上させるでしょう。これまでしてきた過ちの一つひとつ。身体がバランスを崩したとき、自分を笑いものにしてきたこと、ひどい生涯の数々、悪いことをしてきたその一つひとつ。それは、このような課題を浮上させるでしょう。これだけの過ちをしてきたのに、どうして自分自身を信頼することができるでしょうか？　ああ！「過ち」を定義してください。

あなたに常に自己への信頼へ戻るように、私は奨励します。コントロールではありません。船長は船をコントロールします。しかしあなたは自らの運命の船長として、コントロールする必要はありません。あなたは夢を見る人（dreamer）です。創造者です。想像する人（imaginer）です。残りの部分に、あなたをサポートするために必要なことをやらせてください。たくさんの構造は必要ありません。ハートが必要なだけです。フィーリングが必要なだけです。人生であと数ドル手にするためにどうやってパターンを作り出せばよいか、脳に考えてもらう必要はありません。これは情熱に生き、もっとずっと、ずっとシンプルなやり方で現実化するということなのです。

第10章　五つの天使の知覚

人間には五感があります。すなわち、嗅覚、味覚、聴覚、視覚、触覚です。これらは生物学上のアンテナで、これによりあなたは周囲の世界に関する情報を受け取ることができます。この五感はあなたの天使の知覚にも対応しています。

天使の知覚も五つあります。もっとたくさんあると言う人たちもいますが、クリムゾン・カウンシルではこの五つを基本的な知覚として定義しています。この基本的な天使の知覚を理解すれば、人間の五感をより深く理解するでしょう。人間の五感に天使の知覚を組み込めば、あなたは身体と非物質的な現実のどちらに対してもさらなる気づきを持つことになります。人間の感覚を通して吸い込めば、その知覚範囲を効果的に開き、拡張し、やがては五感を非物質的な領域へと拡張していきます。言い方を換えれば、あなたは別の領域で嗅覚を使うことができますし、そうすべきなのです。別の領域に聴覚を拡張することで、天界の音楽を「聴く」ことができます。味覚を拡張させることで、さまざまな別の領域にあるエネルギーを感知することができます。苦いエネルギーや、甘いエネルギーのようなものを。

あなたの人間の感覚は、物質の領域でエネルギーを感知し、識別するのに役立ちます。エネルギーが音、色、形、匂い、触れた感覚のように、どんなかたちでやって来ても、それらはすべて、人間の感覚を通してあなたが感じ取るただのエネルギーにすぎません。呼吸を通じて、そして許容することで、この肉体の一つひとつの感覚を拡張させ、より広範に、より効果的なやり方であなたに奉仕させることができるのです。

嗅覚を食べ物以外のものにも使うことができますし、使うべきです。あなたは音楽を味わうことができます。色を聴くことができます。大衆や物質の密度を嗅ぐことができます。匂いを見ることができます。言い換えれば、あなたは肉体のそれぞれの五感を入れ替えることができますし、そうすべきです。聴覚を使って色のエネルギーや他人の健康バランスの状態を感知することができるのに、どうして振動音だけに限定するのでしょう?

気づき

第一の天使の知覚は、気づきです。「故郷」を出て「火の壁」を通った時、気づきの知覚が活動を始めました。あなたはもはや「故郷」にはいないことに気づきます。それからあなたは「セルフ（自己）」への気づきを持ちました。

自分自身への気づきを持ったのは、それが最初でした。それ以前はあなたは大いなる「ワンネス」の中にいました。自らの魂に対する定義は持っていませんでした。あなたは壮大で、単一の意識の一部にすぎなかったからです。ふいに気づきという贈り物を通して、あなたは自らを感じました。深遠な瞬間でした。それが「アイ・アム」への原初の気づきでした。

それがなぜ、深遠な体験だったのかといえば、「スピリット」はあなたが「故郷」を出るまで、自らを感じる能力を持たなかったからです。「スピリット」が「私は誰なのか?」と訊いた時に旅が始まり、それがあなたを創造しました。あなたはいま「スピリット」が自らを発見する手助けをしていますが、そうすることで、あなたも自分自身を発見するに至るのです。

「セルフ」への気づきは大きな質問をもたらしました。魂の原初の質問です。「私は誰なのか?」。その深遠な質問が何千回もの生涯と莫大な数の体験へと、あなたを駆り立てることになりました。すべて、答えを見出すためだけに。「私は誰なのか?　これから何が起こるのか?　次は何か?　私はどうなるのだろうか?　私は安全だろうか?」

私はいまでも「セルフ」への気づきに、そのまさに最初の気づきに戻るのが大好きです。それは実に純粋で、とても個人的なものです。すごいことです。あなたも、いつでもそれをすることができます。あなたはあなた自身と本当に繋がりたいですか?　その最初の気づきの体験に戻ってみてください。

地球で数多くの転生を重ねることで、あなたの気づきの感覚はとても鈍くなりました。制限のある人間のセルフは別として、完全な「セルフ」にほとんど気づきを持たないくらいまで、その感覚は封鎖されました。

意識とは気づきです。意識は自然な欲求として拡張し、新しいさまざまなやり方で自らを知り続けたいと思っています。意識が制限され、制約されていたとしても、それは常に再び拡張する手段を見つけるのです。究極には、気づきを閉じ込めたり、抑圧することはできません。抑圧してきた人工のバリアを破壊してでも、それは常に拡張する手段を見つけるからです。意識の進化を阻止することは、まずできません。あなたが選ぶなら、深呼吸をして、自分自身にさらなる気づきを持たせてあげてください。それは意識的な選択なのです。

深呼吸をして、それから、自分を信頼してください。操作する必要はありません。ただ意識的な選択をするだけです。それくらいシンプルにしておいてください。「私は、すべてのレベルで気づいていることを選択する」。

さて、あなたはもう選択をしましたが、私は但し書きを話すのを忘れていました。いつも忘れてしまいます。あなたがより気づきを持つと、どうなるでしょう? あなたはより気づきを持つのです! もちろん、あなたが一人でいるのを選べば、別ですが。現在、地球に緊張と対立の巨大な波が襲いかかっていることに、あなたはもっと気づくようになります。時には無知でいる方が快適です。このようなさまざまな別のエネルギーを感じなくてすむからです。しかし覚えておいてください。静かな時間が必要なら、あなたはあなたが一人ではないことにもっと気づきます。あなたの周囲には別の存在《エンティティ》たちがいます。選択すればよいのです。

気づきの良い面は、例えば絵を見ると、それが生命を帯びるのを見ることができます。あなたはエネルギーとアーティストの動きを感じるからです。偉大なマスターたちの絵の多くは、ただの絵ではありませんでした。それらはサイキックな創造物でした。ええ、それは筆を使って描かれた油絵ですが、絵の内部には幾層ものエネルギーが隠されています。まるでそれ自体が映画のようなものですが、気づきがあればそれを現実に感じ取ることができます。それはただの古い油絵ではなく、生きた絵なのです。

音楽には実にたくさんのレベルがあり、それはあなたをさまざまな場所に連れて行ってくれます。しかしあなたは気づきを持っていなければなりません。そこに心を開いている必要があります。まだまだ、あります。食べ物のエネルギーへの気づき、自然界の妖精や神々《ディーヴァ》への気づき、周りにいる天界の存在たちやアスペクトへの気づき、それから、とりわけあなたのさまざまな可能性への気づきです。

では私たちが共有するこの瞬間に、あなたのすぐ隣にある機会がまさに入って来ようとしていることへの気づきを開くために、エネルギーを取り込みましょう。あなたは向こう側で大きなプロジェクトに取り組んでいます。それらはもう、ここにもたらされる準備ができていますが、ある意味で別の領域からここにもたらすには、可能性がそこにあることに気づいていなければなりません。

思いやり

天使の知覚の二つ目は、思いやりです。私はこの知覚が大好きです。

思いやりとは無条件の受容です。それは自分自身を無条件に受容することから始まります。あなたにとって最大級の課題はおそらく、自分自身を完全に受け入れることでしょう。「もし」「それから」「でも」はありません。「私はこうなったときに自分を受け入れる」というのはダメです。たったいま、あなた自身を受け入れるという意味です。実に簡単に聞こえますが、本当に困難です。あなたは言います。「欠点があるのに、自分を受け入れることなんてできるのか?·」。あなたが「セルフ」に対して思いやりを持っていれば、欠点という幻想は無意味です。体重、年齢、格好、外見、髪型のような俗世間の人間的なことをあなたはよく心配しますが、そういうものでさえ無条件に受け入れるに値します。思いやりは同情や哀しみという意味ではありません。単に無条件の受容ということです。

自分自身に思いやりを持つまでは、他の人やものに本当の思いやりを持つことはできません。自分は思いやり深いと思っている人を、私はたくさん知っています。人生をかけてクジラを救い、熱帯雨林を救い、飢餓に苦しむ子供たちを救い、世間一般を救おうとする人たちのことです。別の領域に旅してまで、迷子になったすべての魂を救う人たちがいますが、率直に言って彼らにはそこに行く権利はありません。このようなものはひどく欺まん的な思いやりです。気晴らしをしているとさえ言えます。本物の思いやりとは、「セルフ」を完全に受け入れている状態です。

「セルフ」を無条件に受け入れていれば、他人への思いやりを理解することができます。他人に対して本当の思いやりがあれば、あなたが何かを変えようとすることはありません。誰かを救うことはありません。完全な受容と尊重だけがあります。

街角にいる物乞いをかわいそうに思う必要はありませんが、あなた方の多くはそう感じます。あなた方の多くは街角にいる物乞いをかわいそうに思うことで、良い気分になります。あなたは言います。「それは正しいことではないのですか?·」。あなたの思いやりは街角にいる物乞いをかわいそうに思うのではなく、彼に敬意を払い、称賛するでしょう。「彼は私のヒーローだ。自分の旅に、自分の物語に、自分の幻想にあれほど深く飛び込めるなんて。通りで物乞いするくらいのレベルまで行けるなんて。驚くべき創造だ」。

障害者をかわいそうに思うべきでしょうか？　いいえ。途方もない思いやりをもって、彼らを祝福してください。彼らが選んだ旅に敬意を払ってください。彼らの内なる神に、あなたの内なる神から敬意を表してください。「何という、すごい創造だ！　私もやってみたかったというわけではないが、あなたは何てすごい体験を創造したんだろう！」。思いやりがあれば、これが「私は誰なのか？」に対する彼らなりの答えだと気づくでしょう。

私は「創造のすべてにおいては、すべて良し（All is well in all of creation.）」という言い回しで、ディスカッションを終えるのが好きです。これは思いやりの声明です。すべてはうまくいく、あるいはむしろ、すでにうまくいったということです。それは自然なスピリチュアル物理学です。エネルギーは解決を求め、意識は進化します。混沌というようなものはありません。本当に起きていることへの気づきが欠如しているだけのことです！

あなたは未来永劫に地獄に落ちているという幻想を持つことができます。そのような人たちを私は知っています。あの世には死《クロスオーバー》んだ人たちが何百万といて、地獄に行くかもしれないのを怖れています。地獄に行くという、そんな現実を創るなんて感心してしまいます。最終的には彼らは自らを自由にします。クリスタルの中に十万年間いた後に私は自分自身を解放しました。彼らも脱出するでしょう。彼らはイェシュアを……彼らはイエスと呼んでいますが、待っています。救いを待っています。

私たちはそこに立ち寄り、言います。「ちょっと聞いてよ、あなたが神なんだよ！」。そして走ります！そこから逃げ出します。彼らがものすごく腹を立てるからです。それほど腹を立てれば十分にエネルギーが動いて、自分がどんなゲームに入り込んでいたのかに気づくかもしれません。

思いやりとは、世界が現在、正確にあるべき場所にあるのを理解することです。正確に。さて、あなたは世界を見て言います。「混沌と戦争だらけで、動物種の多くがいなくなっている」。ええ、そうです。彼らの多くが去っているのは、彼らがあなた方のための「エネルギー・ホールダー（エネルギーを保持する者）」だったからです。種としての彼らの時代は完了しましたし、それでどうなると思いますか？ 彼らは、新しい種に取って代わるのです。より進化した種です。だから哀しみをもって見ないでください。「分かっています」。あなたは言います。「でも、人間はクジラを全滅させています」。ええ、そうですね。多分もっと良い方法があるでしょう。でもひょっとすると、それはクジラたちが選んでいることなのかもしれません。

私はクジラが大好きです。地球に来た初期の時代には、私たちはイルカやクジラに転生したことがあります。現にあなたは岩にエネルギーを入れようとしましたがうまくいかなかったので、イルカやクジラのような塩水種に体現しました。彼らと私たちには強い繋がりがあります。では、いまなぜ彼らは去ろうとしているのでしょう？ クジラはあなた方が生物体として転生する上での「エネルギー・ホールダー」の役割を担ってきました。しかしもうこれからは、あなた方人間がその責務を完全に引き受けていくからです。彼らは旅立つときに、もはやただのエネルギー・ホールダーではない水生動物種の次なる進化へとエネルギーの種を残していきます。次なる種は「エネルギーを進化させる者（energy evolver）」になります。

本物の受容とは、抵抗がなく、正すものが何もない、修理するものがない状態をいいます。その意識の状態では、すべてがおのずと自動的にバランスを取り戻します。あなたがいじくり回したり、判断し始めると物事のバランスが崩れるのです。身体は投薬などの治療をしなくても、自ら癒すことができます。あなたがたくさんの薬物療法をしているなら、そうですね、それは自分自身に対して思いやりを持っていることにはなりませんし、自分を信頼していません。人々は調合薬だけでなくサプリメント、聖なる水、魔法のゴールド・パウダーなどを使い、治療を行います。来週は何を使うのでしょう？ 次から次へとすごい妙薬が出てきます。思いやりがあれば、あなたの「意識のボディ」が絶えず自らを活性化するのです。

本当にあなたを癒すことができるものは一つしかありません。**あなた**です。それだけです。聖なる儀式ではありません。特別な処方ではありません。何もありません。「あなた」以外に、あなたに何かを売りつけようとする人はあなたの脆弱性で儲けているのです。

他のすべての人に対し、彼らがまさに自分自身で選んだ場所にいるということを受け入れることで、思いやりを持ってください。これに関して私に腕相撲を挑みたがる人がいますが、私があなたの人生について「なぜ、これがあなたの人生にあるのですか？ なぜ、豊かさが欠如しているのですか？ なぜ、身体に病気があるのですか？」と訊ねると、あなたは言います。「分かりません。私はそれらを欲しくありません」。実は、あなたは欲しいのです。そうでなければ、それはそこにはないからです。他の誰かが、他の何かがあなたに押しつけているわけではありません。

他のすべての人に思いやりを持ってください。彼らを変えようとするのは、やめてください。世界を変えようとするのは、やめてください。そうすれば、それはあなたを変えようとするのをやめるからです。あなたが外から妨害を受けているなら、それはあなたが妨害しているからです。何か他のものを変えようとしたその瞬間に、それがあなたを変えようとするのです。

次元間を旅する上で、これは重要な概念です。なぜなら、あなたはエーテルの領域を通って行くことになるからです。そこは幾分、なじみのない領域であり、幽霊や亡霊が徘徊しています。あなたが彼らを変えようとすれば、彼らはあなたを変えようとするでしょう。あなたが彼らを受け入れれば、彼らはあなたを受け入れますし、ひょっとするとあなたの神性の輝きを見るかもしれません。

思いやりは、天使の知覚の中でも私のお気に入りのものです。

イマジネーション

イマジネーション（想像力）は、天使の知覚の中でも最も美しいものです。それはほとんど活用されておらず、たびたびメンタルなイメージングやマインドが創り出すイメージと混同されることがあります。例を挙げましょう。

あなたの家の私道に赤いオープン・カーが停まっています。光沢のあるスポーツ・タイプのセクシーなオープン・カーです。あなたは車まで行き、その上質な職人技、つやつやしたホイール、本革シートに見とれています。

あなたはドアを開けて中に入り、キーを回してボンネットの下から聞こえる四百馬力のエンジン音を聞きます。あなたはバック・ギアを入れて私道をバックし、ドライブに切りかえてゆっくりと通りをドライブし始めます。

あなたは自由を感じます。解放感を感じます。

通りをドライブしていると、人々がただそれを見に、称賛するためだけに家々やアパートから出てきます。子供たちは遊ぶのをやめて、あなたが高級なスポーツ・カーで道を走って来るのに、ぽかんと見とれます。

あなたは街の郊外までドライブし、周囲に車が走っていない一般道に出ます。その道はあなたのものです。完璧な舗装、蛇行した道。あなたはアクセルを踏み、少しスピードを出します。

風が顔や髪に当たります。美しい、晴れた日です。あなたは深呼吸をして、大きく安堵のため息をつき、あなたの赤いスポーツ・カーで道を滑走します。

スピードを加速し、さらに速度が増します。ウキウキした気分をあなたは感じています。

心配はありません。気にかけるものはありません。ただあなただけです。道を滑走します。支払わなければならない請求書や処理すべき用事など、どんなものも心配する必要はありません。ただ車を走らせるだけです。

さて、少しストップしましょう。この図柄のどこがいけないのでしょうか？　そう、フィーリンがありません！　フィーリングがありません。

これは素敵な図柄ですが、比較的メンタルです。したがって、制限があります。あなた方の中で、以前にマインド・コントロールのクラスを受けた人たちがいるのを私は知っています。アトランティス時代でさえ、やっていました。視覚化《ビジュアライゼーション》をやった人もいますが、成功の度合いは限定されていました。それは少しだけうまくいきますが、どちらかといえばとても制限があります。本物のフィーリングが欠けているからです。さらにあなたが本当にはそれを信じていないからです。あなたは鏡をのぞき込んで言います。「私は美しい。私は美しい。私は美しい」。あなたは語句を復唱しますが、ハートの中では必ずしもあなたがそれを信じているとは限らないわけです。そこにフィーリングはありません。

イマジネーションとは感じることです。イマジネーションとは感じ取ることです。考えることではありませんん。ずっと昔に人間はフィーリングを遮断しました。人間は考えることに入り込みました。イマジネーションとは、あの開かれたフィーリングのことです。必ずしも光景を見ることではありません。それは正しくは完全な知覚体験です。

ではもう一度、やりましょう。よろしければ目を閉じてください。そして赤いスポーツ・タイプのオープン・カーで道を走るのだと私が誘導する代わりに、深呼吸をして、あなた自身を感じてみてください。

あなた自身を感じてください。

（長い間）

これが、ただの視覚化ではないイマジネーションです。そこにはフィーリングがあります。エネルギーがあります。ただメンタルでフォーカスしているわけではありません。

ずっと昔、天使の存在だった時にあなたは自分がイマジネーションの知覚を持っていることに気づき、それに取り組み始めました。そして無から、虚空《ヴォイド》から、あなたは現実を創造しました。あなたがそれを想像したからです。想像するというのは、すべての可能性をしっかりと感じることです。メンタルなエクササイズではありません。

別の例を挙げましょう。マインドではなく、あなたのイマジネーションと共にいてください。では、混沌《カオス》を想像してみてください。

混沌を想像してみてください。混沌の中へと、自分自身を拡張してください。

深呼吸をしてください。

私がそこに行くように言った理由は、視覚化や、いわゆるメンタルな活動に対して、想像することの違いを理解してもらいたかったからです。つまり感じる体験です。

混沌を想像してくださいと私が言うと、マインドが飛び込み、それを捕まえようとしました。それを何とかしようとしました。しかし実は、マインドは混沌を解釈するのにとても苦労します。それは混沌に対してはプログラムされていないからです。マインドは物事の秩序を作り出すようにプログラムされています。それがマインド固有の問題でもあります。それは常に物事に秩序をもたらそうとします。だからあなたが混沌を想像すると、マインドはとても混乱してしまい、実際、あなたに想像させてあげるわけです。あなたは混沌を想像することができるのです。

それは何だったのでしょう？　フィーリング、秩序の欠如、人間の模範がないもの。ただの混沌です。ええ、それが想像するということです。

イマジネーションは日常生活にあてはめれば驚くべきツールになります。あなたの監獄から自由になるという話をした時、私はあなたに可能性を想像してもらいました。そこから自由になるのはどんな感じがするだろうか？　フィーリングはどんなものか？　あなたが本当にしているのは、可能性を想像することなのです。

可能性はさまざまな体験の泡で、あなたはそこから選ぶことができます。「火の壁」を通り抜けたとき、あなたはその一つひとつの可能性を創造しました。それはほとんど無制限です。イマジネーションを使えば、それらの可能性に入り、感じることになります。それからどれを選ぶか決めればよいのです。

想像は制限がまったくなく、自由です。それは思考パターンではなく、フィーリングです。もう一つの問題は、人間が選択するのをやめたことです。彼らは「運命」や「宿命」という信念体系を創造しましたが、これが選択を著しく制限しています。場合によっては選択を完全に排除します。ええ、特定の欲求というのはあります。生涯であなたが体験したいと思うものがあります。しかしそれは教訓や課題を意味するわけではありません。ただの可能性です。そして、どうでしょう？　あなたはいつでも好きなときに可能性を変えることができるのです。どうやってやるのでしょう？　そこに入って、想像するのです。それから、選択します。

具体的にする必要はありません。「私道に赤い車が欲しい」と言う必要はありません。なぜならイマジネーションはずっと広大だからです。それはフィーリングです。事実に忠実である必要はありません。具体的な現実化は、あなたがもう少しイマジネーション（の使い方）に熟達したらできるようになります。

イマジネーションは可能性を十分に感じることです。意識を拡張し、とても次元間的になることです。一つ問題なのは、ここでもそうですが、制限があるマインドはそういうものなのですが、マインドはあなたが存在する肉体の現実以外の次元で機能することにとても困難を覚えます。マインドはそのことをかなり詳しく知っていますが、可能性を想像することはうまくできません。

偉大な発明者、科学者、皆さんの時代の思想家たちもまた、最高の「想像者」でした。彼らは実際、心を開き、自らを自由にしてフィーリングに入りました。思考ではありません。トーマス・エジソンは想像するのが大好きでした。彼はあまり多くの人にそのことを話しませんでした。そんな話をすれば、夢の状態に入るなんてちょっと変わっていると思われたでしょう。けれどイマジネーションは、それ以上のものです。

ニコラ・テスラも当然ですが、偉大な「想像者」でした。アルバート・アインシュタイン、ベートーベン、モーツァルト、すべての偉人が積極的な想像者でした。それが彼らを偉大にしたのです。彼らはマインドを超えました。想像しました。それはあなたが持つツールでも最強のものであり、そして最も簡単に使えるツールです。

イマジネーションと選択が、現実を創造します。それが「故郷」の外にあるすべてのものを創造しました。

空想（白昼夢）は、イマジネーションの一つのかたちです。あなたは実際に可能性を見に出かけていきます。問題は、あなたがそのエネルギーを地球に持ち帰らないことです。あなたはこうした最高の可能性を、最高の想像物を別の領域に置き去りにします。私たちがここでやっているのは、別の領域からあなたの人間の人生へエッセンス（本質）が流れて来ることができるよう、道筋を開くことです。

深呼吸をして、自分自身に想像させてあげてください。公然と、自由に、激しく想像してください。

フォーカス

次なる天使の知覚、フォーカスについて話しましょう。

あなたは気づき、思いやり、イマジネーションという贈り物を持っています。とはいえ、天使と人間が自らの創造そして周囲のあらゆる創造を理解するためには、広い分野の中から明確な区分に絞って意識とエネルギーをフォーカスする能力が必要です。

人間はこれがかなり上手になりました。上手すぎるかもしれません。初期にレムリアで行ったワークでは、あなたは天使のエネルギーを高密度物質や生物体にフォーカスしてフォーカスの感覚を養いました。アトランティスではフォーカスに関連したマインドの発達に激しい労力が注がれました。

いまあなたは、人間の意識を一度にいくつかのことにはフォーカスすることができます。たったいまあなたは私にフォーカスしていますが、身体がどう感じているかにも少しフォーカスしています。またあなたのほんの一部は仕事のことや、何かの作業のような処理する必要があることについて考えています。しかしほとんどの場合、それは極めて制限されています。

人間は一度におよそ七十七の異なるものにフォーカスし、それをすべて上手くやれるはずなのです！私の地球での直近の転生はサン・ジェルマン伯爵でしたが、当時私は一方の手で楽曲を書きながら、別の手で友人に手紙を書き、友人と会話して、新しい発明について同時に考えていました。すべて眠りながらのことです。若干、誇張がありますが、かなり近いでしょう。

フォーカスするという天使の能力は最高の贈り物です。なぜならあなたが気づきに対して開くにつれ、さまざまな数多くのことが起きているのを聞き始め、感じ始めるからです。この部屋では一度にとてもたくさんのことが進行しています。フォーカスがなければ、少々圧倒されるか、ぼやけてしまいます。

一つ、体験してみましょう。あなたは私にフォーカスしています。クツミ・ラル・シンにもフォーカスしてください。彼はいま、あなたと共にここにいます。そうしながら、ランチのことを考えます。一方で、最近の夢のことを思い出します。これをすべて一緒に同時に、行ったり来たりせずにやってみてください。ちょっとやってみてください。

どうでしたか？　あちこちに行ったり来たりしたでしょう。私からクツミへ、それからランチへ、そして夢へ。人間のマインドは、単一性へとプログラムされているからです。一度に一つのものに。しかし実のところ、マインドはより広いフォーカスへ、複数のフォーカスへ戻りたがっています。マインドにはその能力があります。複数のフォーカスで遊んでみて、それを入って来させてください。

複数のフォーカスは試す価値のある素晴らしいツールです。別の領域へ拡張すれば、そこは単一ではないからです。極めて多次元で、一度にたくさんのことが起こっています。マインドは一つのことだけにあれこれフォーカスしようとしますが、うまくいけば私たちはマインドを超えていけるでしょう。同時に複数のものにフォーカスできる能力はとても重要になります。それは同時に多くのことをするのを可能にします。確か、皆さんはそれをマルチタスク（並行作業）と呼んでいますね。

表現

天使の知覚の五つ目は、表現です。あなたは最高の贈り物をすべて持っています。気づき、思いやり、イマジネーション、フォーカス。さらにあなたは、表現する能力を持っています。

あなた、「スピリット」は、生来、自分自身を知りたい、自分自身を体験したい、自分自身を表現したいという欲求を持っています。それが、「スピリット」の喜びです。これだけの驚異的な愛、思いやり、喜びを持ちながら表現できないなら、何のメリットがあるのでしょうか？

表現は自然な贈り物です。表現が、天界の領域において現実を創造する助けとなりました。無から表現を通して、この肉体の現実も含めた現実の創造を促しました。吐く息は表現です。言い換えれば「スピリット」は表現というかたちで、息を吐きました。聖書の節をいくつか、引用してみましょう。

「初めに言葉ありき。言葉は神と共にあった。言葉は神であった」

初めに**表現**があった。表現は神と共にあった。表現は神であった。

「初めに、神が天と地を創造した」

これが「スピリット」の原初の表現であった。

「地は形がなく、何もなかった。闇が大いなる水の上にあり、神の霊は水の上を動いていた」

表現が存在する前には、何もなく「虚空」だった。「スピリット」が動くと、表現すると、それが物質を創造した。

「その時、神が『光よ。あれ』と仰せられた。すると光ができた」

スピリットは表現した。その結果、創造が生命を帯びた。

あなたは何らかの方法で、自分自身を表現することになります。あなたが表現を意識的に選択していないなら、あなたがダンスしていないなら、本を書いていないなら、音楽を演奏していないなら、表現のための何かをしていないなら、それでもいずれにしてもそれは起こります。うつは表現の一つのかたちです。魂が何かを表現しているわけです。怒りは表現の一つのかたちです。何もしない状態に入ることも、一つの表現のかたちです。やや変わったかたちですが、それでも表現の一つのかたちです。

あなた自身を表現するために、何かをすることをお勧めします。表現はあなたの「スピリット」にとって自然なことだからです。またそれは五つの天使の贈り物のうちの一つです。表現はあなたがやると選択したどんなものでも構いません。そして、それを流してあげるのです。あなたが表現していれば、それが現実により多くのエネルギーをあなたに引き寄せ、再びエネルギーが流れることになります。泥を少しどけてください。トーニングを少ししてください。トーニングは素晴らしいものです。エネルギーを動かしてくれます。ええ、咳が出始めるかもしれません。あなたには抑圧されたエネルギーがたくさんありましたから。しかしそれがあなたの内側深くにあるエネルギーを、再び動かしてくれます。あなたの「意識のボディ」は、表現したいという情熱的な欲求を持っています。それがちっぽけな監獄に捕われてしまっても、怖れ、疑い、活動していない状態に取り囲まれても、動く手だてを見出します。とはいえ、それは多分あなたが心地良く思えるやり方ではないでしょう。表現は車で長旅をすることかもしれません。それも一つの表現のかたちです。

スピリチュアルな目覚めをくぐり抜けていくときに、あなた方はすべてをストップし、表現をストップする傾向があります。いつかは出てきます。心身の衰弱や、そういうものが出てきます。人生でドラマチックなことやトラウマを残すような何かが起こります。失業します。それは表現です。病気になります。それはエネルギーが自らを表現しているのです。人間関係が崩壊します。それは表現の一つのかたちです。

表現という天使の知覚を使って、それをあなたがどのように表現したいか、選択してみてください。本を書いてください。脚本を書いてください。楽器店に行き、楽器を買い、家に持ち帰り、演奏し始めてください。料理を始めてください。表現としては最高の方法です。それをしながら、そのエネルギーを十分に感じてください。表現するのはどんな感じなのか？　言い換えれば、あなたはこれだけの天使の知覚を稼働させ、再びエネルギーを動かしています。本当に、私の愚見では、意識的なやり方でエネルギーを動かす以上に気分の良いものはありません。いずれにしてもあなたはやっていますが、ほとんどの場合、意識的にやっていませんし、あなたが本当にやりたいことでやっていません。

あなたはもっとずっと拡張を、自由を、幸せを感じるでしょう。また、再びエネルギーと遊び始めるのがどんなものかを思い出すでしょう。あなた方の多くが、怖れ、自尊心の欠如、古い信念体系などさまざまな理由からエネルギーと遊ぶのをやめてしまいました。するとエネルギーが停滞します。平坦になります。悪臭がします。

深呼吸をしてください。まるで「スピリット」のように。吸い込んでください。息を吐く時に、表現を、あなたの中に流してあげてください。

第11章　アミョーとマキョー

セルフへの完全な信頼を表す言葉があります。私たちはそれを「**アミョー**（Ahmyo）」と呼んでいます。それは言葉以上のものです。トーンが重要です。

アーーミーーヨーー。発音しやすい言葉です。

アミョーとは、外の世界や他の人たち、エンティティ、エイリアンではなく、あなた自身を完全に信頼していることです。アミョー。「アイ・アム・ザット・アイ・アム」。人生で何が起きていようとあなたが自らの、より高い善のためにそれを創造したことを無条件に知っている状態です。

「アミョー」を受け入れた瞬間、あなたはそれまであなたにとって未知のものだった可能性の数々を開錠します。

アミョーは完全に純粋です。それは「アイ・アム」の成就なのです。アミョーの状態では、あなたは起きているすべてのことを疑うのをやめます。すべてを分析しようとするのをやめます。そしてより高い善のために、自らの拡張のために、人生の喜びのために、あなたがすべてを創造しているのを理解します。

自己に対するそれほどまでの信頼とは、すべてのアセンションしたマスターたちが地球での最後の生涯に体験したことです。アミョーは最後の、そしておそらく最も楽しい段階です。

少し時間を取って、自分自身への完全で無条件な信頼を持つとはどんなものなのか、想像してみてください。アミョー。あなたの身体も含めて。ええ、身体が病気になっても、痛みがあっても、あなたは信頼できますか？　アミョー。たとえ何が起きても、あなたは自己への愛ゆえにそれを創造しました。

あなたが本当にアミョーを受け入れれば、人生の些細なことについて心配しなくなります。たいして重要ではないことにエネルギーを無駄に消耗するのをやめて、人生そのものに意識のすべてを注ぐことができます。アミョー。

あなたはこれから何が起きるかを心配するのをやめます。なぜならこれから起きることは、まったく完璧なのを理解しているからです。アミョーの状態にあなたがあれば、その瞬間に病気という可能性が変わり、そうした行き詰まり、阻害されているエネルギーが、再び動き始めるのです。それは豊かさの欠如というようなものの可能性を広げます。不意に、あなたが「私がそれを創造したのだ」と言えば、制限のある貧困の幻想ではなく、本物の高位の可能性が明らかになります。そうすれば、あなたがこうした「悪いシナリオ」をもたらすことはありません。もはやそのようなものは必要ないからです。魂はあなたの注意を引きましたから、いまはただ、あなた自身を信頼することだけを求めています。

マキョー

では、アミョーの対照は何でしょうか？　マキョーです！

マキョーとは、あなたのスピリチュアルな旅路において、注意をそらすことに関連した偽り、妄想、欺まんを意味します。

つまりアミョーの反対はマキョーです。マキョーとは私が知る限り、仏陀や、あらゆるアセンションしたマスターたちを含め、スピリチュアルな道の途上にある人たちすべてに起こります。彼らは旅の途上でマキョーの地点に達します。それは自己実現の終わりに近づくと起こります。彼らはたくさんの注意をそらすもの、スピリチュアルな美辞麗句、儀式、型にはまった行動で自らを汚染し始めるのです。制限のある信念、教義、独善についても同じことがいえます。

よくあるのは、ゲームを終わらせることへの抵抗感からマキョーが入って来ることです。言い換えれば、あなたは自分がまさに「悟りを開こう」としているのを察知しますが、本当はゲームを抜ける準備ができていません。あなたは「なる」よりも、探求を続けていたいのです。

また、マキョーがそこにあるのは、たったいま、あなたは目の前にある本物の課題に直面したくないからです。それはアミョーです。信頼です。

スピリチュアルな道においてとても進化した、実に賢い、驚くべき、光輝くスピリチュアルな人間が、アセンションの状態へと最後の一歩を踏み出そうとした時、突然マキョーに走るのを私は見てきました。彼らは注意がそれたり、ごまかしに入ります。その最後のステップを踏み出すのを、文字通り怖れています。すなわち、自己への百パーセントの信頼です。九十九・九パーセントまでは行くことができても、その最後の線を越えるのが怖いわけです。それはスピリチュアル・ワーカー、そして特にスピリチュアル・リーダーにとっての大きな罠です。突然、彼らはある特定の振る舞いをしなければならないと思います。賢く、知的で、白い光や恵みを表出し、賢明なメッセージを話すというように。まったく、そうではありません！　実際、本物のスピリチュアル・ワーカーや教師はとても人間的になります。彼らはそうなるのを怖れていないからです。

いまあなたが持っている信念はどれも、マキョー（魔境）です。それは古い禅の言葉で、文字通り訳せば「悪魔の洞窟（魔窟）」や「嘘八百（八万地獄）」という意味です。私はもっと現実的な表現を使うのを好みます。「スピリチュアルなでたらめ（bullshit）」や「うんち（caca）」などです。あなたの信念体系は、おおむねどれも偽りです。

あなたのマキョーは何ですか？　あなたのスピリチュアルな気晴らしは何ですか？　あなたはスピリチュアルなごう慢さを持っていますか？　あなたがしがみついている信念体系は何ですか？　最近、あなたが取り入れた信念体系、マキョーはどんなものですか？

過去と未来はマキョーです。唯一、重要なのは、この瞬間です。この瞬間から先のあなたのすべての信念は、スピリチュアルな信念、人としての信念、どんな信念でも「マキョー」に分類されるべきです。それらは本当は問題ではありません。あなたが問題にしたいのであれば別ですが。

第12章　二元性の終焉

初めに「第一のサークル」「ワンネス」がありました。それを「故郷」と呼びましょう。あなたの意識は故郷を出て壮大な冒険に乗り出しました。「故郷」を出て最初にあなたが体験したものに、二元性がありました。「アイ・アム」への気づき、主権性を持つ存在としてのあなたという気づきの後に、突如として二元性があなたの現実の一部になりました。そうして「ワンネス」の代わりに、創造は二つの要素を持つようになりました。それは闇と光、プラスとマイナスなど何と呼んでも構いませんが、創造はそれ以来ずっと二元性の状態にありました。あらゆる次元、創造のすべてにおける一つひとつの粒子が、何らかのかたちで二元性の状態にあったのです。

二元性は数多くの興味深い対立する視点を生み出しました。それは男性性と女性性を創り出しました。善と悪、光と闇、上と下という認識まで生みました。二元性が卓越した創造だったのはなぜかといえば、それがあなた自身を見るのを可能にしたからです。二元性がなければ、あなたが自らをいまのように理解することはなかったでしょう。そうした鏡を、反対のものをのぞき込むことはなかったでしょう。二元性はそれぞれの要素の間に軋轢《あつれき》を生みました。そのおかげで、あなたがいるこの現実が創造されたのです。二元性はいわゆる振動のエネルギーを生みました。それは驚くべきものでした。

このいわゆる二元性というのは驚くべきものですが、一方で多くの苦難、多くの戦争、多くの闘いがありました。この地球上だけのことではありません。天使が存在したのとほぼ同じくらい長い間、天界の領域では戦闘が行われてきました。闇の勢力と光の勢力のように分類することは可能ですが、要するにそれらは対立し合い、互いにエネルギーを盗み取ってきた勢力のことです。

別の存在からエネルギーを盗む本来の目的は、「故郷」に帰るための燃料を何とかして手に入れるためでした。しかしあなたが「故郷」に帰ることはありません。決してありません。どんなに試みても、見つけることはできません。なぜなら「故郷」は変わってしまったからです。それは以前とは違うものです。それは天使や人間たちのあらゆる思考、行い、体験により変化するのです。

これらの対立する勢力は、非常に長い間、闘ってきました。天使たちの戦闘は天界の領域だけではなく、地球の領域でも行われました。過去の天使たちのこうした戦闘の多くは、肉体を持つ存在同士のものではありませんでした。闘いは天使の存在たちの間で行われていましたが、地球のエネルギーに近いところまで入って来て、時には人間が犠牲になることもありました。犠牲になるのは、人間の日常生活に対立や戦争を引き起こしている、こうしたエネルギーに気づくことすらない人たちです。

この二元性は時には皆さんに多大な苦難をもたらしました。あなたはいわゆる闇の側の一員だったことがありますし、光の側の一員だったこともあります。あなたは闇に誘惑され、光に誘惑されました。行ったり来たりと、終わりのないゲームでした。二元性のどちらかが優位に立てば、次はもう一方の側になります。魂の旅路で新しいレッスンを学ぶ代わりに、おなじみの古いゲームが延々と繰り返されたのです。ある意味で地球は別の領域で起きたことを実演する劇場といえますが、それをとても密度の濃い中で、肉体の状態で、時間に支配されたやり方で演じているわけです。これは、永遠ともいえる長い時間続いてきました。

ごく最近の時代には、あなた方のほとんどは光の戦士でした。あなたの歴史の中で、ある時期あなたは闇と手を組んでいましたが、その後あなたは言いました。「二度としない」。そこであなたは光の戦士になり、闇と闘うのを選びました。この生涯の多くをあなたは光の戦士として過ごしました。他人の権利を守り、闇を撃退し、他人を保護し、光の公正さを保守してきました。

再結合

ごく近年になって「故郷」の外にある、いわゆる創造の核《コア》において、二元性の意識のまさにその核の部分で光と闇が再結合しました。互いに一つになったのです。光と闇の闘いは終わりました。二元性はもはや、存在する必要がなくなったのです。

闇が光に降伏したのだと言う人もいるでしょう。闘いがあまりにも古臭く、うんざりするものになったので、二元性の双方が単に疲れ果ててしまったのだと言う人もいるでしょう。地球にいる人間で、自らを統合するワークをした人たちがいるからだ、すなわち自らの闇と光を一緒にしたことで、それが二元性を結合したのだと言う人もいるでしょう。

これはとてもとてもリアルです。そこに日付を加えるならそれは、二〇〇九年の後半に起きたといえます。地球の年月でいえば何万年もの間準備されてきましたが、二〇〇九年の後半に光と闇が統合しました。それはどういう意味でしょう？　だからといって、突然創造のすべてが統合されるということではありません。なぜならこの出来事で生じたシグナル（合図）が創造の隅々までくまなく感じられ、知れわたるには、長い時間がかかるからです。しかしいまそれに気づいている人たちには、深遠な影響を与えることでしょう。

もしあなたが、もはや闇と闘う必要がないとしたら、どうでしょう？　もしあなたが、もうあなた自身の内なる闇だと思っているものを撃退しなくてもよいならどうでしょう？　もしあなたがもはや光の擁護者や庇護者にならなくてもよいなら？　もう闇から逃げたり、隠れたりしなくてもよいなら？　二元性がもはや存在しない、その核となるエネルギーに結び付くことができるとしたら？　その意識をあなたの中にもたらすことで、それを現実にこの地球にグラウンディングする助けになるとしたら？

創造のすべてが、この出来事の衝撃を本当に理解する意識を持つには、長い年月がかかるでしょう。記憶している人もいるかもしれませんが、第二次世界大戦の終わりに太平洋諸島にいた日本兵が、戦争が終わったと聞きながらそれを信じるのを選択しなかったことがあります。大ニュースだったにもかかわらず、彼らはそれは嘘だと思っていました。他の人たちが「戦争は終わったのだ」と教えても、自分たちはだまされているのだと思っていました。彼らは現実の戦争が終わったずっと後になっても、死ぬまで戦い続けたのです。

ある意味で、ここでも同じことが言えます。それが闇であっても光であっても、二元性にあまりにも投資し、つぎ込んできたエンティティや人間たちがいて、彼らは二元性の闘争を続けます。けれどあなたの場合は、あなたが選ぶなら、**あなたが選ぶなら**自らの人生の内部で終わらせることができます。あなたはこの惑星地球で、周りの至るところでそれを目にし続けるでしょう。地球は二元性の上に築かれたからです。しかしあなたは自らの人生でこの結合に入り込み、二元性が存在しなくなったことを理解することができます。あなたが選ぶのであれば。

あなた自身の人生への影響を考えてみてください。ニュースを聞き、新聞の見出しを読み、現在、地球で起きている戦争から経済問題、燃料不足、環境破壊など、これだけの悲劇について人々が話しているのをあなたが聞くとき、少し時間を取ってこの惑星がどこに行こうとしているかを感じてください。

地球は二〇一二年十二月に終わると予言している人たちがいます。極めて疑わしいですね。実際には、人類はかつてないほど良い時代へと向かっています。私がリスナーたちに投資を勧めたのはそのためです。まず、自分自身に投資してください。あなたの仕事に、クリエイティブなアイデアに、ビジネスに、あなたの歌や本に、カウンセリングやセラピーの業務に。あなたの夢に投資してください。遠く離れた、遥か彼方の次元にある夢で終わらせないでください。たったいまあなたが持っているツールを使って、自分自身に投資してください。それらの夢を、まさにこの地球へと持ってきてください。

人類に投資してください。企業に投資してください。とりわけあなたが愛着を抱いている人たちに、あなたが好きなことをやっている人たちに。人類に投資してください。何百万という人間が目覚めようとしています。たったいま目覚めようとしている世界中の人間たちの祈りを私は聞いています。涙を見ています。彼らがこの本を読むことは、まずないかもしれません。あまりにも過激すぎると思うからです。しかし彼らは**あなたの**クラスにやって来るでしょう。**あなたの**本を読むでしょう。「スタンダード」としてのあなた、自分自身を愛することを受け入れたあなたに、本来、神である彼ら自身になるために、助言を求めてやって来るでしょう。

今後数年間、地球には調整の時期が続くでしょう。その調整の間は試練の時期になります。人間の意識にはかつてないほど大きなシフトが起こりつつあります。そしてその余波は、日々の生活のあらゆる部分で感じられます。しかしその後は、親愛なる友人たち、新たな高みへと飛び立つでしょう。

物事の中心《コア》には、二元性が存在しなくなるというこの事実から深遠な影響が出ています。それをどう呼べばよいのでしょう。そのまさに核の部分を、あなたは「ワンネス」、融和性、思いやりと言うかもしれませんが、それはここにあります。戦争、闘争、軋轢、光と闇の対立、上と下、善と悪、男性性と女性性が終わりを告げました。深呼吸して、リラックスすればよいのです。防御を緩めて、本当のあなたでいてください。まさにこの地球で、たったいま。

創造のすべてにおいては、すべて良し。これを知っていてください!

第13章　何もない

カウルダーが、皆さんはジェフリー・ホップとしてご存じですが、彼が先ほど私に訊きました。「アダマス、この敬愛する人々に向けた今夜のメッセージはどんなものになりますか?」。私は言いました。「親愛なるカウルダーよ、何もありません!」。私は何もシェアするものはありません。なぜかと言えば、実際それが一つの問題なのです。あなたは何かをしなければならない、勉強しなければならないと思っています。あなたはずいぶんと面白みのある鍛錬に勤しんでいます。チャンティング（マントラの詠唱）や瞑想のようなものに。それが今時のスピリチュアルな人たちの多くが抱えている問題です。彼らは何かをしなければならないと思います。あるいはスピリチュアルな面でまだ達成すべきものがあると思っています。すなわち別のワークショップ、別のクラス、もう一冊の本、列をなしたたくさんのチャネラーたちからのメッセージのようなものです。しかし実際には、面白いことに何もありません!

本当ですよ、親愛なるマスターたち。私は真剣に、本気で言っているのです。あなたがしなければならないことは何もありません。目覚め、悟り、アセンションなど、どう呼んでも構いませんが、それは自然なプロセスです。そのことを考えるのをやめれば、操作するのをやめれば、そして探求をやめれば、あなたは即座に悟りを得るでしょう。

つまり目覚めとは、あなたがずっと昔に選択したものなのです。地球に来るずっと前にあなたは言いました。「ある日、私は転生のサイクルを終えるだろう」。あなたは言いました。「ある日、自分が学ばなければならないと思っていたすべてをすでに知っていたことに私は気づくだろう」。

だから、基本的に、あなたはもうやったのです。簡単に言うなら、あなたの教授の一人として言わせてもらえば、もうスクールから立ち去ってください。スピリチュアル・スクールを去ってください。大学院に進まないでください。追加のスピリチュアル・トレーニングや学びに行かないことです。あなたはあなたに必要なものをすべて、持っています。もう完了しました。

ここで拍手喝采が起こるはずですが、しかしあなたはまだ椅子に座ったままでこう訊いています。「本当に？　私が？　アダマス、私に話しかけているわけではないですよね。きっと、私の隣の人に話しているのでしょう。私がそれほど悟っているというなら、なぜ私はすべてを知っていないのですか？　私がそれほど悟っているなら、人生で数々の問題を抱えているのはなぜですか？　それほど悟っているなら、なぜ豊かさが欠乏しているのですか？　それほど悟っているなら、健康に問題があるのはなぜですか？」

したがってあなたは、自分はもっと学ばなければならない、あまり悟っているとはいえないと結論を出します。そうした意識が、それぞれの部分が合流するのを妨げています。あなたの人生に共時性《シンクロニシティ》が起こるのを阻んでいます。それが、絶えず探求を続ける状態にあなたをとどめているのです。

親愛なる友人たち、あなたがしなければならないことは、これ以上何もないとしたらどうでしょう？

そうだとしたら、この瞬間はどのように変わるでしょうか？　あなたの残りの人生はどのように変わるでしょう？　仮に今夜、あなたがこの扉を出ていくとき、自分自身をものすごく、とても深く、とても愛情を持って信頼しているので、それ以上何もすべきことはないと知っていたら、どうなるでしょう？

あなたはスピリチュアルの探求に対して中毒になっているかのようです。あなたがする祈り、技法、その他あらゆるものにもかかわらず、あなたはまるで神とあなたの間に距離を保っていたいかのように見えます。

それは「あなたもまた、神である」のを受け入れることができないからですか？　あるいは神に対するあなたの認識は人間が人為的に作ったものなので、だから手に入れることができないのですか？　この捉えどころのないものを、あなたはあまりにも長いこと探してきたので、そのやり方しか知らないということでしょうか？

目覚めは自然なプロセスです。それを構造化することはできませんし、操作すべきではありません。それはあるがままの状態です。あなたは自らの悟り、自らの主権性を、実はずっと昔に創造しました。したがってそうなのです。したがってあなたが何もしなければ、その瞬間に、実際、それがあなたの現実の一部になるのです。

あなたがこの生涯でどれほど多くの罪を創ってきたのか、別の生涯からの悪いカルマがどれだけあるかは関係ありません。あなたが何もしなければ、春に花が開花するようにこの美しいプロセスが自然に流れるのです。

マインドを抜け出す

あなたが努力をやめると、驚くべきことが起こります。あなたはマインドを抜け出します。本当にマインドから抜け出しますし、それは素晴らしいことです。なぜならこの自然なプロセスの一環として、メンタルなプログラミングとそこに内在する制限を超えて進化するからです。あなたが考えることをやめると、コントロールするのをやめると、突如としてこの「ナスト（gnost）」と呼ばれる神性の知性、もしくは私が「アイ・アム」と呼ぶものが、突然、現実のあなたになります。

あなたの神性の知性は人間のマインドとは似ても似つかない働きをします。第一に、マインドに制限があるのに対し、それは無限です。神性の知性はエネルギーを消費しませんが、マインドは消費します。考えて頭を使いすぎると、とても疲れるのに気づいたことはありませんか？　なぜかといえば、マインドがエネルギーを消費するからです。

神性の知性は純然たる意識です。それはあなたの人生にエネルギーを引き寄せる手助けをしますが、神性の知性は生き延びるためにエネルギーを必要としません。あなたの神性の知性にはイマジネーションがあります。マインドには、到底、押しはかることのできない可能性を理解することができます。神性の知性は質問が出る前に答えを理解しています。それに対しマインドは常に疑問を投げかけますが、答えを持っていることはほとんどありません。

目覚めのプロセスにおいて、あなたはマインドを超えていきます。ですがそれが起こり始めた瞬間に、あなたはパニックに陥ります。あなたは後退します。古い習慣に戻ります。快適であるとはいえ、かなりやっかいなメンタルの習慣に戻ってしまいます。

メンタル・コントロールが失われたと感じたその瞬間、あなたは後退します。考えていないと、働いていないと、努力していないと、何か大きな暗い奈落の底に、空っぽの井戸に落ちてしまうのではないかと思うからです。しかしそれはありませんし、そうはなりません。

目覚めを許容する

私はあなたに何もせずにこの目覚めの自然なプロセスを許容するよう、要求します。目覚めのプロセスはあなたの魂から生じて神性と統合しますが、それをただ起こしてあげてください。それを操作しないでください。そのことについて、話をしないでください！　いつものメンタルな状態《モード》に入り、残してきた友人や家族に話をしないでください。ゴシップ好きのスピリチュアル・グループに電話をかけて、スピリチュアルなドラマを取り入れたあなたの最新の冒険について話さないでください。

何もしないでください！　それと共にいてください。それを許容してください。感じてください。味わってください。祝福してください。

そのことを話し始めた瞬間に、あなたはメンタルに入ります。あなたにいま起こったことを分析し始めたその瞬間に、あなたはメンタルに入ります。別の体験と比較し始めた瞬間、そのときの占星術はどんなだったのかと思い始めた瞬間、あなたはそれを失います。

ただそれと共にいてください。ただそれを吸い込んでください。自分を愛し、信頼していることで、あなた自身にお礼を言ってください。それが、親愛なる友人たち、何もない、ということなのです。

彼らはあなたを待っています

現在、地球上には、積もり積もったプレッシャーと行き詰まったエネルギーがあります。意識の自然な流れが滞っています。スピリチュアルな便秘のような状態です。なぜなら、あなたのように目覚めを選択した人がもっと増えているからです。何百万という人間が目覚めの体験の始まりにあり、あなたがやってきたワークの後に続こうとしています。

あなたが自らの自然なプロセスを信頼していなければ、シェアできることを教えていなければ、あなたの後から目覚めに入った何百万という人たちは、便秘を起こすでしょう。彼らはアセンションのシンプルさについて、主権性のたやすさについて**あなたが**教えるのを待っているのです。自分は正気を失っているわけではないことを、すべてが神性の秩序のうちにあることを、唯一自分がすべきことは目覚めの体験を満喫するだけでよいのだと、あなたが教えてくれるのを待っています。

この次なる波にいる目覚めつつある人たちは、私のような、死んだ役立たずのチャネリングを聞きに行くことはありません。彼らは、あなた方の中でやったことがある人がいますが、ベッドの周りにクリスタルを置いたりはしません。スウェット・ロッジの中に座りませんし、それが「スピリチュアルな活動」だとは思いません。彼らはシンプルさを求めています。あなた方がやってきたような、あらゆる装飾を抜きにしたものを、彼らは求めています。マキョー抜きの、たわごと抜きの悟りを求めています。

彼らはあなたを待っています。それがどう作用するのか、知りたがっています。どれくらいの時間がかかるのか、彼らは知りたがっています。そこに到達する最短の方法を知りたがっています。それからあなたの旅について、彼らは知りたいと思っています。彼らは目覚めた、神性の人間の目をのぞき込みたいのです。あなたのマインドではなく、ハートをのぞき込みたいと思っています。あなたの情熱を感じたいのです。それこそが、親愛なる友人たち、私たちが「スタンダード」と呼ぶものです。本物のマスターである、あなたのことです。

ええ、彼らに向けて、スピリチュアルな悟りの道程であなたが耐え忍んできた苦しみの物語をあれこれと話すことはできます。そしてある夜、ミュンヘンで行われたギャザリングで「壮大なアセンションしたマスター」があなたに深遠な「時代の叡智」を授けた時、それがいかに迅速に終結したのか話すことはできます。しかし、何もしないでください。

明日、あなたは「何もない」というチャレンジを受けるでしょう。あなたは古い習慣や、自信喪失へ戻るでしょう。朝の十時にはこんなことを考えているでしょう。「次は何をしなければならないのだろう?」。そうなったら深呼吸をして、何もしないでいてください。目覚めの自然なプロセスに感謝してください。

それから、去る前に私は一つ、最後にコメントしておきます。あなたのハートの奥深くから、最も神々しい歌を感じ、聴いてもらいたいと思います。

創造のすべてにおいては、すべて良し。

創造のすべてにおいては、すべて良し。修理しなければならないものは何もありません。変えなければならないものは、何もありません。間違ったものは何もありません。それはただ、一つの体験だったのです。

創造のすべてにおいては、すべて良し。

ゆえに「アイ・アム・ザット・アイ・アム（我は我たるもの）」、私はアダマス・セント・ジャーメイン、喜びに溢れ、あなたに奉仕しています。

用語解説

次の表現や定義は、本書を読む上で役に立つでしょう。

アセンション　Ascension
人間として存在する上でのすべての制限を手放し、「セルフ」のあらゆる部分を完全に統合していて、自分自身をあますところなく完全に受け入れ、愛している存在状態。

アダマス・セント・ジャーメイン　Adamus Saint-Germain
マスター、天使、教授、クリムゾン・カウンシルの教師であり、ジェフリー・ホップを通じてメッセージやカリキュラムを伝えている。

天使　Angel
原初のワンネスから誕生した魂を持つ存在。「スピリット」の愛により創造された。

アスペクト　Aspects
「私は誰なのか？」。この質問に答えるために、「創造者」である私たちが使ってきた、さまざまな役割やアイデンティティ（独自性）のこと。私たちはこの生涯のさまざまな状況に見合うよう、自らのアスペクトを創造する（例えば、子供、親、事業主、ヒーラーなど）。私たちは過去世、夢、多次元の領域にも数多くのアスペクトを持っている。これらのアスペクトが意識を出入りするので、アスペクトたちの多くの層やレベルが混沌や混乱を引き起こすことがある。しかし意識的な選択を通してこれらのアスペクトを私たちの内なる「故郷」へと歓迎し、完全に統合させることができる。

アトランティス　Atlantis
レムリア時代の後に現れた地球の二番目の時代。アトランティス人は生来、とても共同体的だった。

意識のボディ（意識体）Body of Consciousness
人間の肉体、マインド、知性、気づき、フィーリング、スピリットが完全に統合されたもの。

カウルダー　Cauldre
アダマスがジェフリー・ホップを呼ぶときに使う名前。ジェフリーのスピリットの名前ではなく、どちらかといえばニック・ネームに近い。

チャネリング　Channeling
天界や、肉体を持たない存在から情報やメッセージを受け取り、人々が聞いたり読んだりできるように言葉に翻訳するプロセスのこと。

意識　Consciousness
気づき、または拡張。意識はあなたの周りの至るところにあるエネルギーとエネルギーの可能性を活性化する。

クリムゾン・サークル　Crimson Circle
スピリチュアルな旅にかかわる人間のグループ。その旅路で人々の教師となる。詳しくはウェブサイトまで。

クリムゾン・カウンシル　Crimson Council
天界の教えのオーダー。トバイアス、クツミ・ラル・シン、アダマス・セント・ジャーメインをはじめ、私たちの旅を援助する天使たちがいる。

薔薇の果実　Fruit of the Rose
私たちが神性の情熱と目的を思い出すことができるよう、自分のために仕掛けたリマインダー（思い出させるもの）。

ガイア　Gaia
この惑星に生命を吹き込み、人間が惑星の面倒を見る責任を引き受けることができるまで、この惑星にとどまることに同意した壮大な天使。

ナスト　Gnost
神性の知性、直感、知っている状態（ノウイングネス）。あらゆる問題や質問の内部に含まれた解決策。

神　God
私たちの源である「スピリット」もしくは「源（ソース）」のことで、私たちの内側の中核（コア）にあるもの。内側にある神性の創造的な本質。

故郷　Home
創造の第一のサークル。私たちはその原初の「ワンネス」からやって来た。

イマジネーション　Imagination
創造エネルギーの本質。すべての現実化の始まり。

クツミ・ラル・シン　Kuthumi lal Singh
地球上で数多くの生涯を過ごした、非物質的な領域にいるアセンションしたマスター。クートフーミとして知られている。ジェフリー・ホップ他、多くの人たちを通じてメッセージを伝えている。

レムリア　Lemuria
地球の体験における最初の時代。天使たちが自らのエネルギーを降ろして物質に体現する方法を初めて学んだ時代。

地球に近い領域　Near Earth Realms
地球を取り囲む領域で、多くの存在たちの非肉体の本質が生涯と生涯の間に行く場所のこと。地球に密接に結び付いている意識の層。

新しいエネルギー　New Energy
エネルギーの次なる進化。新しいエネルギーは私たちの神性の性質を人間の性質に統合させてくれる。現在のエネルギーは振動エネルギーだが、一方、新しいエネルギーはあらゆる方向に同時に拡張するエネルギーである。新しいエネルギーが意識とエネルギーを含むのに対し、古いエネルギーは意識の要素を持たなかった。

ワンネス　Oneness
原初の「故郷」、すべてであったもの（All That Was）。

シャーンブラ　Shaumbra
目覚めのプロセスを経ている人間のグループに対してトバイアスとアダマスが使う名前。この言葉はイェシュア・ベン・ジョセフ（イエス）の時代に起源を持つ。その多くはエッセネ派に属する人たちで、スピリチュアルな会合を開いていた。おおざっぱに古代ヘブライ語に訳された言葉で、シャーンブラの最初の部分は「シャー・ホーム（shau-home)」と発音される。「シャー・ホーム」とは、故郷、家族を意味する。後の部分は「バー・ラー（ba-rah)」と呼ばれ、旅や使節団を意味する。この二つが合わさり、「シャー・ホーム・バー・ラー（shau-home-ba-rah)」となり、共に旅し、体験する家族という意味になる。トバイアスによれば、聖書の時代には「シャーンブラ」は男女を問わず身につけていたスカーフやショールのことでもあった。それは特徴的なクリムゾン色をしており、人々に会合を知らせるときに使われた。

魂を持つ存在　Souled Beings
「スピリット」が表現へと飛び出していった時、すべての魂が出現した。すべての魂を持つ存在は、その内側に、独自の個人的な表現をするための源の創造のエッセンスと主権のエネルギーを含んでいる。

源　Source
スピリット、あなたの内側にある生命の源、神性のエネルギー。

スピリット　Spirit
「神」「源」「永遠なる一」とも呼ばれる。魂を持つ存在一人ひとりの内側にある神性の火花。

スタンダード　Standard
「『新しいエネルギー』の『スタンダード（模範)』になる」ような、手本となる存在、人々に可能性の光を照らす存在のこと。スタンダードとは、自らの体験を通して学んだことを人々にシェアする教師という意味もある。スタンダードは自ら模範を示すことで、人々に何ができるか、インスピレーションを与える。

ティエンの寺院　Temples of Tien
シャーンブラがエネルギーを学ぶために最初に集まった、アトランティスにあった特別な場所。シャーンブラの多くは、その寺院でワークしていた時代から互いを知っている。

第三のサークル　Third Circle
完全に主権を持つセルフのエネルギーもしくは本質。それ自体で完璧であり、外側のものは何も必要としない。あなた自身の第三のサークルとは、あなたがアセンションした状態、完全なる主権性の状態である。

トーテム・アニマル　Totem Animals
パカゥア（Pakauwah）ともいう。あなたのエッセンスの延長としてあなたが創造した動物、または動物の精霊。人間の体験をする上でサポートとなるもの。

トバイアス　Tobias
トバイアスはクリムゾン・カウンシルと呼ばれる天界の教師のグループの一員で、ジェフリー・ホップを通じてメッセージやカリキュラムを伝えている。トバイアスは1999年8月21日から2009年7月19日まで公にチャネリングでメッセージを伝えてきた。現在、地球上で肉体を持ち、転生している。

虚空　Void
「故郷」の外にある無。「故郷」を出た天使たちは自分たちが「虚空」にいるのに気づく。そこは闇すらない、何も存在しない場所だった。天使の存在たちは意識とエネルギーを使い、虚空から物質と非物質の領域を創造した。

火の壁　Wall of Fire
自らを超えた意識もしくは知っている状態（ノウイングネス）の拡張。「故郷」から「虚空」へと拡張することの喩え。比喩的に、意識と「虚空」の境界線を示している。

イェシュア・ベン・ジョセフ　Yeshua Ben Joseph
イエスとしても知られる。集合的なキリスト意識が人間として顕現したもの。地球上で、そろそろ神性が人間と融合する時期だと理解していた者たちにより、地球にもたらされた。

訳者あとがき

本書は、二〇〇九年以降にジェフリー&リンダ・ホップを通じてもたらされたアダマス・セント・ジャーメインのメッセージで、さまざまなテーマについてアダマスが講義してきた中から「いいとこ」ばかりを集めた、充実した内容になっています。

セント・ジャーメインは世界中でメッセージを伝えていますが、クリムゾン・サークルでは主に、セント・ジャーメイン自身が開校した「ミステリー（神秘学）・スクール」で教鞭《きょうべん》をとっていた当時の「アダマス」の名でメッセージを伝えています。よって、現在のセッションの多くにアダマスが登場します。お断りしておかなければなりませんが、セント・ジャーメインは聖人の「セイント」ではないため、クリムゾン・サークルでは聖ジャーメインという表記はしていませんのでご理解ください。

アダマス・セント・ジャーメインはサン・ジェルマン伯爵やマーク・トウェイン他、さまざまな人物として転生を重ねてきたといわれています。歴史上に名を残した人物はもちろん、初期のキリスト教や数々の秘密結社の設立に深くかかわったことをアダマス自身が告白しています。サン・ジェルマン伯爵といえば一般に不死の象徴や錬金術師として知られていますが、現代にメッセージを伝えるアダマスは「そんなものは子供の遊びだ」と一蹴します。ミステリアスな側面がクローズアップされる一方で、アダマスがこの現代に伝えるメッセージの基本は、「学ぶ」のをやめて「生きる」ことです。外に依存せず、自分自身に耳を傾け、肉体にとどまり「アイ・アム」を生きることです。アダマスのメッセージはきわめてシンプルでありながら、深い叡智に満ちています。

それから本書に登場する「ガブリエル症候群」について、少し説明を付け加えておきます。人間が地球に来る前に、まだ肉体のない天使の状態で私たちは何とか「故郷」に帰ろうと、互いのエネルギーを盗み合っていました。その結果、エネルギーが減速し、創造のすべてが破壊される可能性が出てきたのです。そこで解決策として地球という物理的な場が創られ、肉体を持って体験することにしたといいます。しかし地球は非常に密度が濃く、いったんそこに転生すれば「本来の自分」をすっかり忘れてしまう危険性がありました。当然、そんなところに行きたいと思う天使はあまりいません。天界には十四万四千のグループ（それをカウンシルの存在は「オーダー」と呼んでいます）がありますが、最終的にそれぞれのグループを代表して勇気ある天使たちが地球に転生したといいます。その勇気ある天使たちを招集するために、宇宙全体に向けて（比喩的ではありますが）大天使ガブリエルがトランペットを吹いて呼びかけたことから、「ガブリエルのトランペット」と呼ばれています。「ガブリエル症候群」は、天使たちが現実に地球に転生を重ねることで抜け出せなくなったジレンマを表しているのかもしれません。

個人的な話をさせてもらうなら、十年ほど前に私はアダマスによる「ドリームウォーカー・デス・トランジション」という、死にゆく人を天界まで連れていくためのスクールに参加しました。ドリームウォーカーとは「地球に近い領域」、クリスタルの領域と呼ばれる創造の領域を抜けて最終的に「花の橋」を渡り、天界の家族のもとへと送り届けるガイド役のことですが、実際に天界の領域を旅することで、そこがどれほどリアルな場所かを体感することができました。それは言葉では表せない体験でしたが、今回、この本を訳している間、同じくらい強烈なエネルギーを感じました。本書には、言葉を超えてアダマスのエネルギーが溢れていると、私は（僭越ですが）確信しています。

スピリチュアルの旅路を歩んできたけど、どうも人生がうまくいかない、何かが足りないと思われている方にとって、本書がブレイクスルーのきっかけになれば光栄に思います。アダマスは「私は一つひとつのステップであなたと共にいます」と言っていますが、そのステップは、あなたが本書を読み始める前に始まっているかもしれません。

最後に、出版に向けて尽力してくださったアウェイクニング・ゾーンの渡辺宗則さん、終始、素敵なエネルギーで取り組んでいただいた編集の澤田美希さん、快く出版を引き受けていただいたナチュラルスピリットの今井社長に、深く感謝いたします。

二〇一四年十一月

林　眞弓

■ 著　者

ジェフリー・ホップ　Geoffrey Hoppe
リンダ・ホップ　Linda Hoppe

1999年に『クリムゾン・サークル』を設立。現在では意識にインスピレーションを与えることを目的とした「新しいエネルギー」の教師たちの、地球規模の結び付きにまで発展した。クリムゾン・サークルは米コロラド州ゴールデン郊外のロッキー山脈にあるホップ家のリビング・ルームから始まった。現在では世界中に広がり、月例のライブのオンライン放送では、メインのサイトだけで毎月30万人以上が訪れ、23の言語に翻訳されている。およそ400人の資格を持つ教師たちが、クリムゾン・サークルのさまざまなコースを教えている。

天界からの情報を伝えるチャネラーとして、ジェフリーは意識を非物質の領域に拡張し、アダマス・セント・ジャーメイン、クツミ・ラル・シン、トバイアスなど、天界の存在たちから「思考のパケット」を受け取る。次に、人々が聞くことができるようにメッセージを翻訳する。リンダは横に座り、メッセージをもたらす手伝いをしているが、天界の存在、ジェフリー、聴衆の間の重要なエネルギー的バランスを保っている。リンダとジェフは年間10万マイルを超えて移動し、北南米、ヨーロッパ、アジア、オーストラリアで聴衆たちを前に話をする。オンライン放送は以下のサイトで視聴できる。

www.crimsoncircle.com または www.awakeningzone.com

アダマス・セント・ジャーメイン　Adamus Saint-Germain

天界のクリムゾン・カウンシルの教授、マスター、教師であり、ジェフリー・ホップとリンダ・ホップを通じてメッセージを伝えている。

■ 訳　者

林 眞弓　Hayashi Mayumi

ロンドン・カレッジ・オブ・プリンティングで出版デザインを学ぶ。広告代理店勤務、英語講師を経て国外の企業のためのリサーチ、翻訳に従事する。クリムゾン・サークルでは各スクールやワークショップの教材の翻訳に携わっている。

神性を生きる
アダマス・セント・ジャーメインからのメッセージ

●

2015年3月21日　初版発行
2021年2月5日　第2刷発行

著者／ジェフリー・ホップ、リンダ・ホップ
訳者／林 眞弓

装幀／中村吉則
編集／澤田美希
DTP／大内かなえ

発行者／今井博揮
発行所／株式会社 ナチュラルスピリット
〒101-0051 東京都千代田区神田神保町3-2 高橋ビル2階
TEL 03-6450-5938 FAX 03-6450-5978
info@naturalspirit.co.jp
https://www.naturalspirit.co.jp/

印刷所／シナノ印刷株式会社

©2015 Printed in Japan
ISBN978-4-86451-158-2 C0014
落丁・乱丁の場合はお取り替えいたします。
定価はカバーに表示してあります。